SOFORTHELFER GARTENJAHR

JOACHIM MAYER

KOSMOS

DAS GARTENJAHR IM ÜBERBLICK

Vorfrühling

- Blühbeginn von Schneeglöckchen und Haselnuss
- Winterschutz langsam lockern
- Saatgut bestellen
- Bei frostfreiem Wetter gießen
- Beginn der Vorkultur von Sommerblumen und Gemüse
- Schnitt von Obstgehölzen

Erstfrühling

- Blühbeginn von Forsythie und Kirsche
- Rasen mähen
- Rosen abhäufeln und schneiden
- Kartoffeln antreiben
- Mediterrane Kräuter zurückschneiden
- Pflanzung von Obstgehölzen

Vollfrühling

- Beginn der Apfel- und der Fliederblüte
- Kompost als Startdünger verteilen
- Im Gewächshaus und Frühbeet regelmäßig lüften
- Anzuchten pikieren
- Direktsaat im Gemüsegarten
- Gießen, hacken, jäten

Frühsommer

- Blühbeginn des Schwarzen Holunders
- Erste Ernte von Kohlrabi und Mairüben
- Öfterblühende Rosen regelmäßig ausputzen
- Schnellwüchsige Gemüse wie Salat und Radieschen immer wieder nachsäen

↗ SEITE 77

Hochsommer

- Blühbeginn der Sommerlinde
- Erste Apfelernte
- Hohe Prachtstauden zurückschneiden
- Stauden stützen
- Haupternte im Beerengarten
- Stabtomaten ausgeizen
- Erdbeeren pflanzen
- Sommerschnitt bei Obst

↗ SEITE 95

Frühherbst

- Reife der Beeren des Schwarzen Holunders
- Mulchschichten erneuern
- Kompost auf- und umsetzen
- Stauden pflanzen
- Immergrüne Laub- und Nadelgehölze pflanzen
- Feldsalat und Spinat säen
- Zwiebeln ernten

↗ SEITE 103

Vollherbst

- Reife der Eicheln
- Rotbuche und Rosskastanie zeigen erste Herbstfärbung
- Stiefmütterchen pflanzen
- Stauden teilen
- Hecken schneiden
- Kübelpflanzen einräumen
- Beete im Gemüsegarten räumen

↗ SEITE 111

Spätherbst/Winter

- Letzter Rasenschnitt
- Gartengeräte säubern und einlagern
- Vögel füttern
- Rosen pflanzen (im Spätherbst)
- Vor dem Frost letztes Gemüse ernten

KOSMOS
SOFORTHELFER

DIE
25
SCHNELLSTEN
ANTWORTEN

BASICS

SCHÖNE PFLANZEN, ÜPPIGER BLÜTENFLOR, REICHE ERNTEN: DAS ALLES IST NICHT ZULETZT EINE FRAGE DES „TIMINGS". VIELE PFLANZ- UND PFLEGEMASSNAHMEN BRINGEN NUR DANN DEN ERWÜNSCHTEN ERFOLG, WENN SIE ZUM RICHTIGEN ZEITPUNKT DURCHGEFÜHRT WERDEN. DABEI SPIELT NATÜRLICH DAS WETTER EINE GROSSE ROLLE, FÜR DIE GARTENAKTIVITÄTEN EBENSO WIE FÜR DIE PFLANZENENTWICKLUNG. UND GENAU DAS BERÜCKSICHTIGT AUCH DER PHÄNOLOGISCHE KALENDER, NACH DEM DIESES BUCH GEGLIEDERT IST.

DER PHÄNOLOGISCHE KALENDER

Benannt ist dieser Kalender nach der Phänologie, der Lehre von den wiederkehrenden Erscheinungen in der Natur. Solche „Erscheinungen" sind z. B. die Holunderblüte und die Reife der ersten Äpfel. Da sie vom Klima und Wetterverlauf abhängen, variieren sie je nach Region und Jahr. So zeigen sie den tatsächlichen Jahreslauf der Natur vor Ort an. Anhand der Entwicklungsstadien bekannter Pflanzen unterteilt der phänologische Kalender das Jahr in 10 Jahreszeiten (siehe S. 8/9).

IM LAUF DER NATUR

Mit seinem Bezug auf Wetterverlauf und Pflanzenentwicklung eignet sich der phänologische Kalender für das Terminieren von Gartenarbeiten viel besser als der starre Datumskalender. Zugleich ist seine Unterteilung in 10 Jahreszeiten fast ebenso „feinstufig" wie die Monatseinteilung. Und wenn man beim Gärtnern auf die Zeichen der Natur achtet, schärft dies das Gespür für die Entwicklung der Pflanzen.

ENTSPANNT GÄRTNERN

Das Beachten des Naturkalenders und ein wenig Planung: Das ist die ideale Kombination, um die anfallenden Arbeiten zeitlich gut in den Griff zu bekommen. Dabei helfen Ihnen auch die Checklisten, die Sie zu Anfang der jeweiligen Jahreszeit-Kapitel finden.

GÄRTNERN NACH DER NATUR

WAS
IST DER PHÄNOLOGISCHE KALENDER?

- Ein Kalender, der sich an der Entwicklung in der Natur orientiert.
- Unterteilt das Jahr in zehn Jahreszeiten: Vorfrühling, Erstfrühling, Vollfrühling, Frühsommer, Hochsommer, Spätsommer, Frühherbst, Vollherbst, Spätherbst, Winter.
- Der Eintritt dieser Jahreszeiten wird jeweils durch bestimmte Entwicklungsstadien bekannter Pflanzen markiert.

WELCHE VORTEILE
HAT DAS?

- Der phänologische Kalender berücksichtigt den unterschiedlichen Jahreszeitenbeginn je nach Regionalklima und Wetterverlauf.
- Beim Gärtnern richtet man sich nach dem Lauf der Natur statt nach starren Kalenderdaten.

Vorfrühlingsboten

- Vom Vorfrühling bis zum Hochsommer zeigt der Blühbeginn ausgewählter Pflanzen den Eintritt einer neuen phänologischen Jahreszeit an.
- Der Vorfrühling – und damit das Gartenjahr – wird mit den Blüten der Schneeglöckchen und den Kätzchen der Haseln eröffnet.

Erstfrühling

- Wenn sich die Blüten der Forsythien öffnen, beginnt der Erstfrühling – je nach Region und Jahr zwischen Ende Februar und Mitte April, im langjährigen Mittel um den 27. März.
- Für Gärtner ist das ein guter Anhaltspunkt, um z. B. die Erde an der Basis der Beetrosen abzuhäufeln, die Rosen zurückzuschneiden sowie erste Gemüse ins Beet zu säen.

KOSMOS

SOFORTHELFER

Auf Seite 2/3 sehen Sie die wichtigsten Kennpflanzen der phänologischen Jahreszeiten auf einen Blick. Besonders hilfreich ist dieser „Naturkalender" im Frühling: Dessen tatsächlicher Eintritt kann je nach Region und Jahr um bis zu acht Wochen variieren. So zeigen Schneeglöckchen und Forsythie recht zuverlässig an, wann sich das Loslegen im Garten lohnt.

Vögel als Taktgeber

- Auch die Zugvögel bieten hilfreiche Anhaltspunkte: Mit dem Beginn des Erstfrühlings kehren die Rauchschwalben zurück.
- Wenn die Schwalben im Lauf des Septembers wegziehen, naht der Vollherbst.
- Fliegt der Hausrotschwanz – als einer der Letzten – ins Winterquartier, steht der Spätherbst bevor.

Ausklang: Herbstlaub der Bäume

- Spätsommer, Frühherbst und Vollherbst werden anhand der Fruchtreife von Apfel, Holunder und Stieleiche bestimmt.
- Mit der Laubverfärbung von Eichen, Buchen und anderen Bäumen beginnt der Spätherbst. Ihr Laubabwurf kennzeichnet den Winterbeginn und damit das Ende des Gartenjahrs.

SAMEN- UND PFLANZENKAUF

WELCHE
PFLANZWARE GIBT ES?

- Wurzelnackte Pflanzen (hauptsächlich Rosen und Heckengehölze): ohne Erdballen. Nur zum baldigen Pflanzen während der Ruhezeit.
- Ballenpflanzen (Gehölze): mit Erdballen, der durch ein Tuch oder Netz zusammengehalten wird. Nur zum Pflanzen während der Ruhezeit.
- Containerpflanzen (Gehölze, Stauden, mehrjährige Kräuter): im Topf angezogen und verkauft, mit bereits kräftig durchwurzeltem Erdballen. Sie können, außer bei Frost, jederzeit gepflanzt werden.
- Getopfte, einjährige Jungpflanzen (Blumen, Gemüse, Kräuter): meist in kleinen Töpfen, bei Gemüse auch in Erdpresstöpfen. Bald nach Kauf auspflanzen.
- Zwiebeln und Knollen (Blumen, Zwiebelgemüse, Kartoffeln): Sie sollten stets fest und prall sein. Mit dem Auspflanzen nicht zu lange warten.

Keimfähiges Saatgut

- Wählen Sie bevorzugt Qualitätssaatgut namhafter Firmen.
- Keimschutzverpackungen sind vorteilhaft sowie Angaben auf der Tüte zur Haltbarkeit, zur Keimdauer und zum Anbau.
- Samentüten, die am Verkaufsort an einem prallsonnigen oder feuchten Platz stehen, sollte man besser nicht kaufen.

Vitale Jungpflanzen

- Achten Sie auf harmonischen Wuchs mit kräftigen Trieben und kompakter Verzweigung sowie gesunden Blättern. Prüfen Sie auch die Blattunterseiten.
- Sommerblumen, Stauden und Gehölze, die während der Blütezeit gekauft werden, sollten einen guten Knospenbesatz aufweisen.

KOSMOS

SOFORTHELFER

In Bau- und Supermärkten kann man durchaus Gutes finden, aber auch manchmal Enttäuschungen erleben. Meist verlässlich sind ausgewiesene Fach-Gartencenter und renommierte Pflanzenversender. Für Stauden- und Gehölzpflanzen bester Qualität empfehlen sich Gärtnereien, die dem Bund deutscher Staudengärtnereien (BdS) bzw. Baumschulen (BdB) angehören.

Gesunde Wurzeln

- Begutachten Sie, ob der Erdballen gut durchwurzelt ist und die Wurzeln hell und saftig aussehen.
- Die Wurzeln sollten den Ballen nicht ringförmig umwinden oder sogar schon den Ballen aus dem Topf herausdrücken.
- Die Topferde sollte weder ausgetrocknet noch „klatschnass" sein.

Wüchsige Sträucher

- Wurzelnackte Sträucher, z. B. Rosen, müssen mindestens zwei bis drei gut entwickelte Triebe aufweisen.
- Sträucher, die als Containerpflanzen verkauft werden, sollten drei kräftige Triebe haben.
- Achten Sie auf feste, glatte Triebe mit unbeschädigter Rinde.

GERÄTE ZUR BODENBEARBEITUNG

WAS
GEHÖRT ZUR GRUNDAUSSTATTUNG?

- Spaten
- Grabegabel mit vier breiten, geraden, kräftigen Zinken
- Schlaghacke mit breitem, kräftigem Blatt
- Grubber oder Kultivator mit drei bis vier gekrümmten Zinken; beim Kultivator mit verbreiterten Scharen an den Spitzen
- Rechen
- Schaufel

WELCHE
GERÄTE SIND NOCH HILFREICH?

- Bügelhacke (Ziehhacke) mit kurzem, breitem Blatt an zwei Bügeln
- Mist-, Kompostgabel
- Sauzahn mit einem großen, kräftigen, gebogenen Zinken und zur Schar verbreiterter Spitze
- Gartenkralle mit krallenartig angeordneten Zinken, oben mit breitem Quergriff

Stabilität & Belastbarkeit

- Als solide, aber nicht allzu schwer haben sich Gerätestiele aus Esche bewährt, außerdem aus Buche und Hickory.
- Die Metallteile sollten aus rostfreiem Edelstahl bestehen. Am stabilsten sind Werkzeuge, bei denen alles, inklusive Verbindungsteil (Dülle, Feder oder Schaft), aus einem Stück geschmiedet ist.

Angenehmes Arbeiten

- Vorteilhaft sind leicht elastische Stiele, die bei Spaten und Grabegabel bis knapp unter Brusthöhe reichen, bei Schaufel und Hacken ungefähr bis zur Schulter.
- Bei Spaten und Grabegabel gelten T-förmige Griffe als beste Lösung.
- Verbreiterte Trittkanten am Spatenblatt erleichtern das Einstechen mit dem Fuß.

BASICS KLEINGERÄTE & ZUBEHÖR

<u>KOSMOS</u>

SOFORTHELFER

Legen Sie besonders Wert auf eine überschaubare, aber solide Grundausstattung für die wichtigsten Gartenarbeiten. Alles andere kann nach und nach dazukommen. Nehmen Sie sich etwas Zeit, um das Angebot verschiedener Garten- und Baumärkte zu prüfen. Auch der Landhandel ist eine gute Einkaufsquelle für preiswerte Qualitätsgeräte.

Hand- & Kleingeräte

- Kurzstielige Handhacken und -grubber sind sehr praktisch, um vorsichtig zwischen frisch gesäten Reihen und empfindlichen Jungpflanzen zu lockern.
- Pflanzschaufel und Unkrautstecher erweisen sich immer wieder als nützlich; ebenso – besonders für Blumenfreunde – ein zylinderförmiger Zwiebelpflanzer.

Nützliche Utensilien

- Unentbehrlich sind gute Gartenhandschuhe; fast unverzichtbar ein robustes Taschenmesser, wetter- und reißfeste Bindeschnur bzw. Bindebast sowie stabile Eimer in verschiedenen Größen.
- Sehr hilfreich beim Säen und Pflanzen: eine an zwei Pflöcken befestigte Setzschnur, Zollstock und Stecketiketten.

GEEIGNETES SCHNITTWERKZEUG

WAS
GEHÖRT ZUR GRUNDAUSSTATTUNG?

- Rostfreies Gärtner- bzw. Taschenmesser (Klappmesser)
- Gartenschere; am besten zwei: eine Bypass- und eine Ambossschere
- Astschere für bis zu 40 mm dicke Äste
- Astsäge für Aststärken zwischen 50 und 150 mm, je nach Ausführung
- Handheckenschere

WELCHE
WERKZEUGE SIND NOCH HILFREICH?

- Hippe: ein Messer mit geschwungener Klinge, zum Nachschneiden unsauberer Schnitte
- Baumsäge (Bügelsäge) für besonders dicke Äste
- Elektroheckenschere mit Stromkabel oder Akku für größere Hecken

Gartenschere

- Eine Bypassschere mit zwei gebogenen Klingen (Bild) ermöglicht präzises, pflanzenschonendes Schneiden, auch in engen Astgabeln.
- Eine Ambossschere mit gerader Schneidklinge und starrer Gegenfläche erleichtert den Schnitt kräftiger Stängel und dicker Zweige.

Astschere

- Selbst wenn man nur wenige Sträucher hat, lohnt sich eine Astschere mit langen Holmen und guter Kraftübertragung. Mit ihr erreicht man auch höhere Baum- und Strauchbereiche.
- Astscheren werden wie die Gartenscheren mit Bypass- und mit Ambossklingen angeboten.

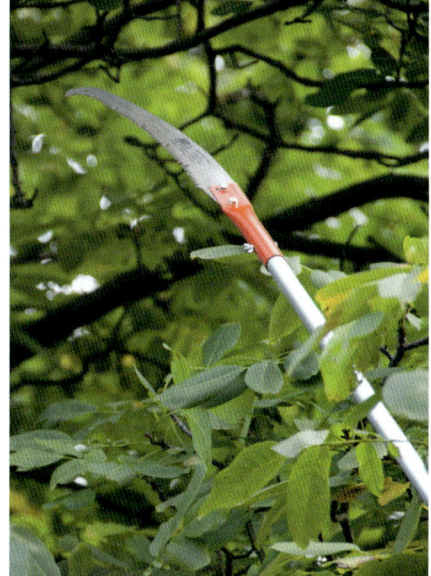

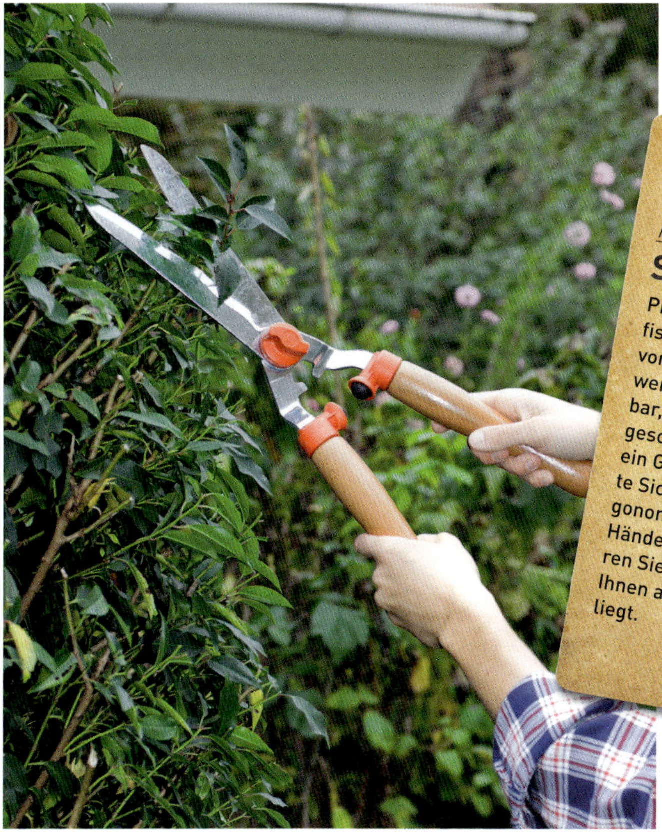

KOSMOS

SOFORTHELFER

Produkttester und Profis warnen nicht ohne Grund vor Billigprodukten. Schnittwerkzeug muss solide, haltbar, stets zuverlässig und gut geschärft sein. Vorteilhaft ist ein GS-Zeichen für „geprüfte Sicherheit". Spezielle, ergonomische Griffe schonen Hände und Gelenke. Probieren Sie sorgfältig aus, was Ihnen am besten in der Hand liegt.

Astsäge

- Astsägen schaffen auch kräftige Äste. Mit einem Teleskopstiel kommt man gut in höher gelegene Winkel.
- Astsägen gibt es auch als praktische Klappsägen sowie mit Akkuantrieb.
- Für sehr dicke Äste ist eine Baumsäge mit Bügel und verstellbarem Sägeblatt empfehlenswert.

Heckenschere

- Bei kleinen Hecken bekommt die Handheckenschere den Vorzug: Mit ihr kann man gezielt und schonend schneiden. Empfehlenswert sind Klingen mit Wellenschliff sowie Griffe mit handgelenkfreundlichen Anschlagsdämpfern.
- Achten Sie bei der Auswahl einer Elektroheckenschere auf gute Sicherheitsvorrichtungen sowie das GS-Zeichen (für „geprüfte Sicherheit").

GIESSGERÄTE

WAS SIND
KRITERIEN FÜR GUTE SCHLÄUCHE?

- UV-lichtbeständig und witterungsstabil
- Knick- und abriebfest
- Belastbar mit einem Berstdruck von mindestens 15 bar
- Herstellergarantie von mindestens acht Jahren
- Frei von Schwermetallen wie Blei und Cadmium

WELCHES
ZUBEHÖR IST NÜTZLICH?

- Für Schläuche: Brauseaufsatz mit fein- stufiger Regulierung von Wasserstrahl und -druck; langer Gießstab
- Regner für den Rasen, mit gut einstellba- rer Reichweite und Sprengbreite
- Automatisches Bewässerungssystem, am besten mit Feuchtefühlern, für Balkon, Terrasse und Gewächshaus

Gartenschlauch

- Wählen Sie genügend lange Schläuche (bis 50 m), um bequem und ohne Gezerre alle Beete und Pflanzen zu erreichen.
- Gegen „Schlauchsalat" helfen Schlauch- wagen und -trommeln sowie Schlauch- führungsrollen mit Erdspießen, mit denen sich der Schlauch leicht entlang der Wege auslegen lässt.

Gießkannen

- Selbst im kleinen Garten ist es sehr prak- tisch, wenn man über mehrere Gießkan- nen in verschiedenen Größen (zwischen 5 und 15 Liter) verfügt.
- Kannen aus Edelstahl, Zink oder ver- zinktem Blech halten meist länger als Kunststoffkannen, sind aber oft etwas schwerer.

BASICS RASENMÄHER & SCHUBKARRE

KOSMOS
SOFORTHELFER
Gerade bei Rasenmähern spielt die Sicherheit eine sehr wichtige Rolle. Hier bietet das GS-Zeichen einen guten Anhaltspunkt. Für die Rasenpflege kann sich auch die Anschaffung eines Rasenkantenschneiders (mit Hand- oder Akkubetrieb), eines Elektro-Rasentrimmers sowie eines Vertikutierers (mit Hand- oder Elektrobetrieb) lohnen.

Rasenmäher-Typen

- Handmäher sind für ebene Rasenflächen bis etwa 150 m² eine gute Lösung.
- Elektromäher sind ideal für mittelgroße Flächen. Akkumäher erübrigen den oft lästigen Umgang mit dem Kabel.
- Benzinmäher sind leistungsstärker und auch für große Flächen ab 500 m² geeignet. Nachteile: Abgase, Lärm, Wartungsaufwand.

Stabile Schubkarre

- Eine Schubkarre erweist sich schnell als unentbehrlich. Prüfen Sie vor dem Kauf, ob die Holme die richtige Länge für Ihre Körpergröße haben. Das Hauptgewicht der Wanne sollte auf dem Rad lasten und nicht auf den Griffen.
- Achten Sie auf solide Verarbeitung und auch darauf, dass passende Ersatzräder leicht zu beschaffen sind.

GEEIGNETE DÜNGER

WELCHE PFLANZEN
BRAUCHEN VIEL DÜNGER?

- Gemüse wie Tomaten, Zucchini, Gurken, Kohl, sogenannte Starkzehrer
- Viele einjährige Sommerblumen sowie Prachtstauden
- Obstgehölze, Rosen, große Rhododendren, Flieder, junge Bäume
- Häufig geschnittene Hecken- und Klettergehölze

WAS
PASSIERT BEI ÜBERDÜNGUNG?

- Mit Stickstoff: erhöhte Anfälligkeit für Krankheiten, Schädlinge und Frostschäden; geringe Blüten- und Fruchtbildung; hohe Nitratgehalte in Blatt- und Wurzelgemüse; Nitratauswaschung ins Grundwasser
- Mit Kalium, Phosphat und Magnesium: Blockierung der Aufnahme anderer wichtiger Nährstoffe
- Mit Kalk: schneller Humusabbau; gelbe Blätter durch Eisenmangel

Kompost & Hornspäne

- Gut ausgereifter Kompost ist der ideale Naturdünger – und bei eigener Herstellung kostenlos. Viele Pflanzen sind schon mit einer Kompostgabe im Frühjahr ausreichend versorgt (siehe auch Seite 32).
- Ein höherer Stickstoffbedarf lässt sich mit zusätzlichen Gaben von Hornspänen (50–150 g/m²) decken.

Naturnahe Mineralstoffdünger

- Soll die Kompostdüngung mit Kalium ergänzt werden, eignen sich Kaliumsulfat, Patentkali, Kainit sowie Holzasche.
- Langsam wirkende Kalkdünger sind Algenkalk, Dolomitkalk und kohlensaurer Kalk.
- Bei Magnesiummangel, z. B. bei Nadelgehölzen, helfen Bittersalz oder Kieserit.

KOSMOS
SOFORTHELFER
Will man wirklich optimal düngen, empfiehlt sich eine professionelle Bodenuntersuchung auf Nährstoffgehalte, pH-Wert, Bodenart und Humusgehalt; dies bei der Neuanlage eines Gartens und später dann vor allem im Gemüsegarten und beim Rasen alle vier Jahre. Geeignete Labore finden Sie über die Landwirtschaftskammern oder Gartenakademien der Bundesländer.

Volldünger

- Mineralische Voll- oder Mehrnährstoffdünger wirken schnell und gezielt, bergen aber auch die Gefahr einer Überdüngung oder Auswaschung bei Regen.
- Organische Volldünger werden, abhängig von Bodenfeuchtigkeit und -temperatur, bedarfsgerecht freigesetzt. Das gilt auch für mineralische Langzeitdünger.

Spezialdünger

- Volldünger, die auf die Ansprüche bestimmter Pflanzen abgestimmt sind, empfehlen sich besonders für Rhododendren, Beerenobst sowie den Rasen.
- Vorteilhaft sind auch spezielle Rosen-, Tomaten-, Koniferen- und Hortensiendünger, außerdem Blumendünger für Sommer- und Balkonblumen.

PFLANZEN GESUND HALTEN

WAS
STÄRKT DIE WIDERSTANDSKRAFT?

- Bedarfsgerechtes Gießen und Düngen
- Regelmäßige Versorgung mit Kompost
- Die gezielte Wahl von Sorten, die gegen bestimmte Schaderreger resistent oder tolerant sind; z. B. blattlausresistente Salate, mehltautolerante Stachelbeeren, robuste ADR-Rosen
- Im Fachhandel erhältliche Pflanzenstärkungsmittel

WIE
KANN ICH NOCH VORBEUGEN?

- Auf ausreichende Pflanzabstände achten
- Direkt in den Wurzelbereich gießen, vorzugsweise morgens oder am frühen Abend
- Die Bodenoberfläche regelmäßig lockern

Sorgfältige Standortwahl

- Wenn die Licht- und Bodenverhältnisse den jeweiligen Ansprüchen der Pflanzen entsprechen, können sie kräftig und gesund heranwachsen.
- Ein etwas luftiger, nicht allzu windstiller Platz ist für Rosen und viele andere Pflanzen günstig: Das mindert die Ausbreitung von Krankheiten und Schädlingen.

Nicht zu nass halten

- Übermäßige Feuchtigkeit kann Pilzkrankheiten und Schnecken fördern.
- Vermeiden Sie beim Gießen das Benässen von Blättern, Blüten und Früchten.
- Alles, was schnelles Abtrocknen der Blätter fördert, beugt vor, so auch das Auslichten dichter Gehölze (Foto).

Vielfalt & Abwechslung

- Eine abwechslungsreiche Bepflanzung im Nutz- wie auch im Ziergarten macht es Schaderregern schwerer, sich auszubreiten.
- Im Gemüsebeet haben sich Mischkulturen bewährt, z. B. Möhren mit Zwiebeln und Bohnen mit Roter Bete. Teils halten sich solche Partnerpflanzen gegenseitig bestimmte Schädlinge vom Leib.

Wechselnde Anbauplätze

- Werden die gleichen Pflanzen immer wieder an derselben Stelle gesät oder gesetzt, haben im Boden überdauernde Schaderreger leichtes Spiel.
- Deshalb wechselt man im Gemüsegarten am besten jährlich die Anbauflächen, besonders für Kohlarten, Zucchini, Erbsen, Möhren und Zwiebelgemüse.

NÜTZLICHE HELFER FÖRDERN

WELCHE
INSEKTEN SIND NÜTZLINGE?

- Marienkäfer
- Florfliegen und Taghafte
- Schwebfliegen
- Schlupf- und Zehrwespen
- Ohrwürmer
- Laufkäfer
- Raubwanzen

WER
VERTILGT NOCH SCHÄDLINGE?

- Vögel
- Igel
- Spitzmäuse
- Maulwürfe
- Fledermäuse
- Kröten und Frösche
- Eidechsen
- Blindschleichen
- Spinnen
- Raubmilben

Vögel & Fledermäuse

- Artgerechte, katzensicher angebrachte Nistkästen werden von Vögeln gern angenommen; die Kästen jährlich im Vorfrühling säubern.
- Dichte Wildhecken bieten Nistplätze für Freibrüter, fruchtende Gehölze wie Felsenbirne liefern ihnen zudem Nahrung.
- Auch für Fledermäuse gibt es im Fachhandel spezielle Nisthilfen.

Ohrwürmer

- Ohrwürmer verkriechen sich tagsüber gern in mit Holzwolle oder Stroh gefüllten Töpfen, die mit der Öffnung nach unten an Obstbäumen oder an einem Pfahl im Gemüsegarten aufgehängt werden.
- In der Nacht machen sie dann auf Blattläuse, kleine Raupen sowie Spinnmilben Jagd und fressen sogar Mehltaupilze.

KOSMOS

SOFORTHELFER

Selbst ein reges Nützlingsleben kann keinen schädlingsfreien Garten garantieren. Aber es macht sich bald bemerkbar, dass Plagegeister seltener ernsthafte Schäden anrichten, wenn viele gefräßige Helfer unterwegs sind. Sehr wichtig: Wählen Sie möglichst nur nützlingsschonende Präparate, falls der Einsatz von Pflanzenschutzmitteln nötig wird.

Nützliche Insekten

- Insekten nisten je nach Art bevorzugt in Holzblöcken und -scheiben mit Bohrlöchern, Schilfrohr- und Strohbündeln oder gelochten Ziegeln und Tonklötzen.
- Mit einem überdachten „Insektenhotel" können Sie solche Nistangebote kombinieren und verschiedene Nützlinge fördern.

Igel, Spitzmäuse & Co.

- Locker aufgeschichtete Haufen aus alten Ästen und Gehölzschnitt bieten Igeln, Spitzmäusen, Laufkäfern und anderen Tieren Unterschlupf und Überwinterungsplätze.
- Steinhaufen und Trockenmauern locken Eidechsen, Blindschleichen, Frösche, Kröten, Spitzmäuse und verschiedene Insekten an.

SCHÄDLINGE IM ZAUM HALTEN

WAS
HÄLT SCHÄDLINGE FERN?

• Kulturschutznetze über den Beeten gegen Gemüsefliegen und andere Insekten sowie Vögel
• Kohlkragen gegen Kohlfliegen
• Schneckenzäune rund um Beete und Pflanzflächen
• Pflanzkörbe für Blumenzwiebeln gegen Wühlmäuse
• Schutzstreifen mit aromatischen Kräutern, z. B. Thymian, Salbei

WIE
KANN ICH SCHÄDLINGE ABFANGEN?

• Schnecken: mit ebenerdig eingegrabenen Bierfallen; der Biergeruch lockt aber oft noch mehr Schnecken an
• Schwarze Blattläuse: mit Kapuzinerkresse als Köderpflanzen
• Drahtwürmer: mit rund 10 cm tief eingegrabenen Kartoffelstücken oder mit Salatpflänzchen als Köder

Plagegeister loswerden

• Sichtbare Schädlinge wie Blattläuse, Raupen und Käfer lassen sich oft schon eindämmen, indem man sie frühzeitig und wiederholt entfernt.
• An robusten Pflanzen können Sie Kolonien von Blattläusen und anderen kleinen Tieren mit einem kräftigen Wasserstrahl abspritzen.

Ablesen & entfernen

• Mühsam, aber lohnend ist das gezielte Ablesen, z. B. von Schmetterlingsraupen.
• Kleinere Plagegeister kann man auch einfach abstreifen, abbürsten oder zerquetschen, ebenso die Eigelege.
• Kontrollieren Sie auch die Blattunterseiten, an denen sich die Tiere oft verstecken.

KOSMOS
SOFORTHELFER

Geben Sie befallene und krankheitsverdächtige Pflanzenteile nicht auf den Kompost, sondern zum Hausmüll. Viele Schaderreger können im Boden oder an Pflanzenresten überdauern. Entfernen Sie deshalb nach einem Befall sorgfältig Laub- und Erntereste am Boden, ebenso alle nicht erntetauglichen Früchte, die noch an Obstbäumen und -sträuchern hängen.

Anlocken & beseitigen

- Schnecken verstecken sich tagsüber gern an dunklen, feuchten Stellen. Legt man im Garten Bretter, Säcke oder flache Steine aus, kann man morgens und abends oft ganze „Schneckenvereine" auf einen Schlag aufsammeln und beseitigen.
- So lassen sich teils auch die nachtaktiven Dickmaulrüssler erwischen.

Krankheiten eindämmen

- Stark von Krankheiten befallene Blätter, Triebe und andere Pflanzenteile entfernt man am besten komplett – notfalls auch die ganze Pflanze, um einer weiteren Ausbreitung der Erreger vorzubeugen.
- Schneiden Sie bei Gehölzen erkrankte Triebe und Zweige beherzt bis ins gesunde Holz zurück und behandeln Sie größere Schnittstellen mit einem Wundverschlussmittel.

SCHONENDER PFLANZENSCHUTZ

WELCHE
PFLANZENSCHUTZMITTEL EIGNEN SICH?

- Nur Präparate, die für die vorgesehene Anwendung (z. B. Spinnmilben an Fruchtgemüse) ausdrücklich zugelassen sind
- Nur nützlingsschonende und bienenungefährliche Mittel einsetzen
- Vorzugsweise Präparate auf Naturstoffbasis, z. B. Neem, Kaliseife, Rapsöl sowie Schneckenköder mit Eisen-III-Phosphat verwenden

WAS
MUSS ICH BEACHTEN?

- Pflanzenschutzmittel (auch Naturstoffmittel) stets unzugänglich für Kinder aufbewahren
- Den Anwendungs-, Dosierungs- und Sicherheitshinweisen in der Gebrauchsanleitung genau folgen
- Befallene Pflanzenteile, auch die Blattunterseiten, tropfnass spritzen, sofern nicht anders angegeben; nur bei windstillem Wetter

Leimringe gegen Schädlinge

- Nutzen Sie das Angebot an Hilfsmitteln, die oft das Spritzen erübrigen.
- Leimringe, die ab Ende September an Obstbäumen und Stützpfählen angebracht werden, schützen vor den hochkriechenden Weibchen des Frostspanners.
- Leimringe helfen auch gegen Miniermotten an Rosskastanien.

Fanghilfen gegen Obstmaden

- Im Frühjahr und Spätsommer um die Stämme gelegte Wellpappegürtel fangen Raupen (Maden) von Apfel- und Pflaumenwickler ab.
- Gegen Kirschmaden können Sie mit gelben, beleimten Kirschfruchtfliegenfallen vorbeugen, die Sie im Mai/Juni in die Bäume hängen.

KOSMOS
SOFORTHELFER
Achten Sie stets wachsam auf Anzeichen eines Befalls. Je früher Sie Schädlinge oder Krankheiten entdecken, desto einfacher ist meist das Eindämmen. Bei unbekannten Schadursachen und besonderen Problemen können oft die Gartenakademien oder Pflanzenschutzdienste der Bundesländer oder auch das Fachpersonal in Gartencentern und Gärtnereien weiterhelfen.

Pflanzliche Abwehrkräfte

- Selbst hergestellte Pflanzenauszüge und Brühen wirken vor allem vorbeugend, teils vermindern sie auch den Befall.
- Bewährt haben sich z. B. Schachtelhalm, Knoblauch und Zwiebelschalen gegen Pilzkrankheiten sowie Rainfarn und Wermut gegen verschiedene Schädlinge.

Fallen & Gelbtafeln

- Geeignete Wühlmausfallen sind die besten giftfreien Bekämpfungsmittel gegen diese lästigen Nager. Sie werden im Spätherbst und über Winter in den Gängen aufgestellt.
- Im Gewächshaus lassen sich leimbeschichtete Gelbtafeln zum Abfangen von Weißen Fliegen, Minierfliegen und anderen Schädlingen einsetzen. Im Freiland helfen sie gegen Rhododendrenzikaden.

VORFRÜHLING

DIE ERSTEN SCHNEEGLÖCKCHENBLÜTEN SIND IMMER WIEDER EIN BESONDERES ERLEBNIS. OBWOHL SIE ZART UND ZIERLICH WIRKEN, LASSEN SIE SICH WEDER VON KÄLTE NOCH VON SCHNEE BEEINDRUCKEN. BALD FOLGEN IHNEN GELBE WINTERLINGE, KROKUSSE UND ANDERE FRÜHBLÜHER. NACH UND NACH ERWACHT DER GARTEN AUS DEM WINTERSCHLAF, DAS WETTER LOCKT SCHON AB UND ZU NACH DRAUSSEN. KURZUM: ES IST VORFRÜHLING.

FRÜHER ODER SPÄTER

Der Beginn der Schneeglöckchen- und Haselblüte und damit des Vorfrühlings variiert stärker als alle anderen phänologischen Ereignisse. Im wintermilden Westen und Nordwesten blühen die Vorfrühlingsboten oft schon im Februar, in südlichen und östlichen Höhenlagen erst spät im März. Manchmal spielen auch ungewöhnlich warme Winterperioden der Natur einen Streich: Wenn schon um Weihnachten die Schneeglöckchen erscheinen, kann man davon ausgehen, dass der Frühling trotzdem noch nicht wirklich in Sicht ist.

WECHSELHAFTE AUSSICHTEN

Auch wenn das Schneeglöckchen nicht außergewöhnlich früh blüht, bleibt es ein Vorbote und kann noch keine Frühlingswonnen garantieren. Der Winter ist eindeutig auf dem Rückzug, zeigt aber immer noch Nachwirkungen. Schnee, Frostperioden, Regenwetter, fast sommerliche Sonnentage: Im Vorfrühling ist fast alles drin, vor allem seit man den (vieldiskutierten) Klimawandel registriert hat.

LANGSAMES AUFWÄRMEN

Für Gärtner ist der Vorfrühling zunächst einmal die Zeit der aktiven Vorbereitung und Vorfreude. Wenn dann aber auch Huflattich und Salweide ihre Blüten öffnen, sind die stärksten Kälteeinbrüche in der Regel vorbei – und erste Saaten und Pflanzungen kein übermäßiges Risiko. Dann dauert es auch nicht mehr lang, bis die Forsythienblüte den Erstfrühling verkündet.

WORAUF MUSS ICH ACHTEN?

ALLGEMEINES

☑ Dicke Winterschutzabdeckungen lockern

☑ Vliese, Jute oder Fichtenreisig bereit halten, um frühen Austrieb vor Frost zu schützen

☑ Neue Vogelnistkästen anbringen, alte Kästen gründlich reinigen

☑ Bei Bedarf Bodenuntersuchung durchführen lassen

☑ Samen und Pflanzgut kaufen bzw. bestellen; altes Saatgut überprüfen

☑ Gartengeräte startklar machen; Zubehör (z. B. Saatschalen) wenn nötig ergänzen

☑ Gehölze und Stauden mit Kompost versorgen

☑ Erste sprießende Unkräuter frühzeitig und regelmäßig entfernen

☑ Bei allen Boden- und Kompostarbeiten auf Schneckeneier (kleine weiße Knäuel) achten und diese vernichten

☑ Auf zunächst nicht genutzten Flächen Gründüngung einsäen

☑ Gegen Vorfrühlingsende Teichpflanzen auslichten, Abgestorbenes und Pflanzenreste entfernen

☑ Teichpumpen und -filter überprüfen

BLUMEN & STAUDEN

☑ Im Herbst gesetzte Stauden überprüfen, hochgefrorene Pflanzen andrücken

☑ Bei Stauden alte Stängel wegschneiden

☑ Erste Sommerblumen drinnen vorziehen

☑ Ab Mitte des Vorfrühlings zweijährige Sommerblumen auspflanzen

☑ Ab Mitte des Vorfrühlings neue Stauden pflanzen

☑ Ältere Stauden zur Vermehrung oder Verjüngung teilen

☑ Zwiebelblumen bei Trockenheit zurückhaltend gießen

ZIERGEHÖLZE & ROSEN

☑ Immergrüne Laub- und Nadelgehölze bei trockenem, frostfreiem Wetter kräftig gießen

☑ Sommer- und herbstblühende Sträucher auslichten und schneiden

☑ Starken Heckenrückschnitt gleich zu Beginn des Vorfrühlings durchführen; wenn schon Vögel brüten, bis zum Spätherbst warten

☑ Gute Pflanzzeit für viele Sträucher; mit Rosen und anderen empfindlichen Arten bei Kälte bis zum Erstfrühling warten

GEMÜSE, KRÄUTER, ERDBEEREN

☑ Erste Beete vorbereiten, wenn der Boden nicht mehr zu feucht ist

☑ Gemüse und einjährige Kräuter drinnen vorziehen

☑ Frühgemüse wie Spinat und Radieschen draußen säen, mit Vlies oder Folie abdecken

☑ Ab Mitte des Vorfrühlings robuste Gemüse säen und pflanzen, z. B. Salate, Möhren, Erbsen, früher Kohl, Zwiebeln und Schnittlauch

☑ Saaten mit Kultur- oder Vogelschutznetzen abdecken

☑ Sämlinge im Beet auf den richtigen Abstand ausdünnen

☑ Ab Mitte des Vorfrühlings Monatserdbeeren und geeignetes Pflanzgut von Gartenerdbeeren setzen

☑ Gegen Ende des Vorfrühlings letzte Wintergemüse ernten

OBSTBÄUME & BEERENSTRÄUCHER

☑ Gelagertes Obst regelmäßig überprüfen, Faules auslesen und lüften

☑ Gute Zeit für den Schnitt von Apfelbäumen und anderen Obstgehölzen

☑ Ab Mitte des Vorfrühlings gute Pflanzzeit für die meisten Obstgehölze und Beerensträucher

KOSMOS
SOFORTHELFER

Im Vorfrühling ist schon allerhand möglich – mit genügend Vorsicht und Beachten der Wettervorhersage. Etwas kritisch kann es werden, wenn sehr warme Vorfrühlingstage Gehölze und Stauden zu verfrühtem Austrieb anregen und darauf ein Frosteinbruch folgt. Halten Sie für solche Fälle am besten Vliese und Jutesäcke oder ähnliche Abdeckungen bereit.

BEETE VORBEREITEN

WELCHE
ARBEITEN STEHEN AN?

- Wenn im Herbst noch nicht geschehen: umgraben oder mit der Grabegabel tief lockern (mindestens zwei Wochen vor dem Säen oder Pflanzen)
- Zerkleinern der Erdschollen und -klumpen und Lockern der Krume
- Kompost einarbeiten
- Einebnen der Bodenoberfläche

WIE
KANN ICH STALLMIST VERWENDEN?

- Nur für Starkzehrer wie Tomaten; nicht für Wurzel- und Knollengemüse
- Am besten vorkompostieren
- Andernfalls im Spätwinter oder Vorfrühling dünn auf der Fläche verteilen und ein paar Tage anrotten lassen
- Dann oberflächlich einarbeiten
- Generell gilt: Mist mindestens vier Wochen vor dem Säen oder Pflanzen ausbringen

Lockern der Krume

- Der im Herbst oder Vorfrühling tief gelockerte Boden wird mit Hacke und Kultivator nachbearbeitet.
- Große Klumpen lassen sich auch mit der Grabegabel zerkleinern.
- Entfernen Sie dabei gründlich alle Unkrautwurzeln.

Kompost ausbringen

- Verteilen Sie den Kompost auf der Oberfläche.
- Auf regelmäßig versorgten Böden reichen für Gemüse, Blumen und Stauden 1–3 l/m² Kompost (je nach Nährstoffbedarf) völlig. Für Starkzehrer wie Tomaten und Kohl kann es etwas mehr sein (bis 5 l).

KOSMOS
SOFORTHELFER

Wenn man größere Beetflächen hat und häufig Gemüse sät, lohnt sich die Anschaffung einer Sternfräse: Mit ihren rotierenden Metallsternen lässt sich die Oberfläche besonders gut lockern und krümeln.
Zudem kann ein Krail mit vier kräftigen, gebogenen Zinken hilfreich sein, um feste Schollen zu zerkleinern und hartnäckige Unkräuter zu entfernen.

Kompost einarbeiten

- Verwenden Sie auf Beeten, die für die Aussaat vorgesehen sind, nur gut ausgereiften, erdigen Kompost.
- Graben Sie den Kompost nicht unter. Seine optimale Wirkung entfaltet er nur, wenn er mit Grubber oder Kultivator oberflächlich und „luftig" eingearbeitet wird (etwa 5–10 cm tief).

Einebnen & Glätten

- Ebnen Sie die Oberfläche mit dem Rechen so ein, dass keine Mulden oder Hügel verbleiben.
- Entfernen Sie auf Saatbeeten mit dem Rechen größere Brocken und Unkrautwurzeln, damit eine möglichst feinkrümelige Oberfläche entsteht.

PFLANZEN VORZIEHEN

WAS
BRAUCHE ICH DAFÜR?

- Einen warmen, hellen, aber nicht prall besonnten Platz, z. B. auf der Fensterbank
- Anzuchtschale oder Multitopfplatte, am besten mit Abdeckhaube
- Kleine Töpfe zum Säen (6–9 cm Durchmesser) und größere zum Pikieren (9–12 cm)
- Spezielle Aussaaterde, Anzucht- oder Pikiererde
- Praktisch: ein Pikierholz oder -stab
- Gießkanne mit feiner Brause oder Wasserzerstäuber

WELCHE
TEMPERATUREN SIND NÖTIG?

- Für die meisten Gemüse, Kräuter und Blumen: 15–20 °C
- Für wärmebedürftige Arten wie Tomaten, Paprika, Gurken, Basilikum, Eisbegonie: 20–25 °C

Aussäen

- Gesät wird am einfachsten in flache Anzuchtschalen. Streuen Sie feine Samen gleichmäßig und nicht allzu dicht aus.
- Größere Samen mit rund 4 cm Abstand auslegen oder in Töpfe säen. Säen Sie am besten zwei bis drei Körner pro Topf, um später die schwächsten Sämlinge herauszuziehen.

Abdecken & anfeuchten

- Decken Sie die Samen ein- bis zweimal so hoch mit Erde ab, wie sie dick sind.
- Ausnahme: Lichtkeimer wie Basilikum, Salat und Löwenmäulchen. Sie werden nur etwas angedrückt und höchstens hauchfein mit Erde überstreut.
- Zum Schluss mit feiner Brause oder Wasserzerstäuber gründlich anfeuchten.

KOSMOS

SOFORTHELFER

Nutzen Sie einen großen Vorteil der eigenen Anzucht: die „freie" Sortenwahl. Während Jungpflanzen im Handel oft gar nicht mit Sortennamen ausgewiesen sind, können Sie Saatgut sehr gezielt aussuchen. Da lohnt sich sorgfältiges Informieren, z. B. über Gemüsesorten, die gegen Krankheiten resistent sind, oder Blumensorten in besonderen Farbtönen.

Die Keimung fördern

- Halten Sie die Saaten gleichmäßig feucht, aber nicht zu nass. Günstig ist eine transparente Abdeckhaube, Folie oder Glasscheibe als Verdunstungsschutz.
- Nehmen Sie solche Abdeckungen stundenweise und schließlich ganz ab, wenn die Keimlinge erscheinen; denn nun brauchen die Pflänzchen Luft.

Pikieren

- In Schalen gesäten Sämlingen wird es nach wenigen Wochen zu eng. Deshalb pikiert man sie einzeln in kleine Töpfe, sobald sich über den Keimblättern die ersten richtigen Laubblätter zeigen. Das Pikieren regt zudem die Bildung neuer Wurzeln an.
- Die Sämlinge immer am Blatt, nie am Stängel anfassen, da dieser leicht zerdrückt wirkt.
- Stellen Sie die Pflanzen nach dem Pikieren ein paar Grad kühler (15–18 °C), und halten Sie sie mäßig, aber gleichmäßig feucht.

OBSTBÄUME SCHNEIDEN

WORAUF
KOMMT ES ZUERST AN?

- Aufbau und Erhaltung eines übersichtlichen Astgerüsts; mit einem Mitteltrieb und drei bis vier seitlichen Haupt- oder Leitästen.
- Die Leitäste sollten in einem Winkel von etwa 45° vom Stamm abzweigen und auf gleicher Höhe enden.
- Der Mitteltrieb soll die Leitäste ungefähr um Scherenlänge überragen.
- Starke Neutriebe, die mit Mittel- und Leitästen konkurrieren, konsequent entfernen.

WAS
IST SONST NOCH WICHTIG?

- Zu dichte, ungünstig stehende und nach innen wachsende Zweige entfernen.
- Steile Triebe wegschneiden, auf eine nach außen zeigende Knospe zurückschneiden (ableiten) oder herunterbinden.
- Überalterte Fruchtzweige, die kaum noch tragen, auslichten oder herausschneiden.

Rückschnitt

- Das Einkürzen von Trieben regt den Austrieb der Seitenknospen an. Setzen Sie die Schere knapp (0,5–1 cm) über einer nach außen weisenden bzw. in günstiger Wuchsrichtung stehenden Knospe an.
- Führen Sie den Schnitt leicht schräg, sodass die Schnittfläche von der Knospe zur gegenüberliegenden Seite hin etwas abfällt.

Wegschnitt

- Nicht benötigte, zu dicht stehende und überalterte Triebe und Zweige schneidet oder sägt man direkt an der Ansatzstelle ab, bis auf eine wenige Millimeter dicke Scheibe, den sogenannten „Astring".
- Verstreichen Sie Schnitt- und Sägestellen mit mehr als 3 cm Durchmesser mit einem Wundverschlussmittel.

KOSMOS

SOFORTHELFER

Je nach Obstart, Baumform und -alter fallen spezielle Schnittmaßnahmen an. Hierbei helfen Baumschnittbücher und -kurse weiter. Ein Schnitt im Vorfrühling ist günstig, weil man die noch unbelaubte Krone gut überschauen kann, die Schnittwunden jedoch schneller verheilen als im Winter. Obstbäume können aber auch ebenso gut noch im Spätsommer geschnitten werden.

Ab- & Umleiten

- Hierbei entfernt man ungünstig stehende oder zu lange Triebe nicht ganz, sondern schneidet sie zurück auf einen besser stehenden Seitentrieb, der dann die Wuchsrichtung bestimmt.
- So lässt sich teils auch der Wuchs bremsen, weil flacher abzweigende Seitentriebe weniger stark wachsen.

Spreizen & biegen

- Keine Schnitttechnik, aber eine wichtige Ergänzung: Durch Auf- und Abbinden oder Abspreizen (mit Hölzern oder Astklammern) bringt man junge Triebe und Äste in die optimale Richtung.
- Seitentriebe fruchten meist besser, wenn sie recht flach stehen.
- Das Binden oder Spreizen wird erst im Frühsommer durchgeführt.

BLÜTENSTRÄUCHER SCHNEIDEN

WAS
SOLLTE MAN VERMEIDEN?

- Häufiges „Schnippeln" der Spitzen: Das führt nur zu „Besenwuchs" und Verkahlen der unteren Astbereiche.
- Regelmäßiger Rückschnitt auf dieselbe Höhe: zerstört die natürliche Form, fördert frühes Vergreisen der Sträucher.

WELCHE STRÄUCHER
BRAUCHEN KAUM SCHNITT?

- Blumenhartriegel *(Cornus kousa, C. florida)*
- Felsenbirne *(Amelanchier)*
- Magnolie *(Magnolia)*
- Perückenstrauch *(Cotinus)*
- Zaubernuss *(Hamamelis)*
- Zierquitte *(Chaenomeles)*
- immergrüne Blütensträucher wie Rhododendron und Lorbeerkirsche *(Prunus laurocerasus)*

Bodennahes Auslichten

- Viele Sträucher bilden regelmäßig viele Jungtriebe aus der Basis, z. B. Deutzie, Kolkwitzie und Weigelie. Hier nimmt man alle zwei bis drei Jahre einige der ältesten Triebe nah am Boden heraus: ebenso schwächere, dicht stehende Neutriebe.
- Bei Frühblühern wie Forsythie wartet man damit besser bis nach der Blüte (siehe Seite 74/75).

Kräftiges Einkürzen

- Bei sommerblühenden Spiersträuchern *(Spiraea × bumalda, S. japonica)* fördert ein Rückschnitt um etwa ein Drittel die Blütenbildung.
- Rund um ein Drittel wird auch die Schneeheide *(Erica carnea)* eingekürzt, wenn sie verblüht ist, die Besenheide *(Calluna vulgaris)* bis zur Hälfte.

KOSMOS
SOFORTHELFER

Schnitt ist vor allem ein Thema bei Sträuchern, die reichlich Basistriebe bilden, und den hier genannten Sommerblühern, die man stark zurückschneidet. Bei vielen anderen genügt es, gelegentlich einige alte Triebe unten herauszunehmen, falls sie zu dicht werden; außerdem eventuell erfrorene Triebe herauszuschneiden und überlange Zweige einzukürzen.

Radikaler Rückschnitt

- Sommerblüher, die ihre Blüten an den jungen, diesjährigen Trieben bringen, werden durch einen radikalen Rückschnitt der Haupttriebe zu reichem Flor angeregt.
- Die populärsten Vertreter dieser Gruppe sind Schmetterlingsstrauch *(Buddleja × davidii)*, Rispenhortensie *(Hydrangea paniculata)* und die Bartblume *(Caryopteris)*.

Nachblütenschnitt

- Frühblüher werden am besten erst nach der Blüte geschnitten – angefangen beim Winterjasmin, der oft schon im Spätwinter seine Blüten entfaltet.
- Man schneidet den langtriebigen Kletterer alle zwei bis drei Jahre um rund ein Drittel zurück. Auslichten an der Basis wird nur selten nötig.

VORFRÜHLING # OBSTBAUM PFLANZEN

WANN
KANN ICH PFLANZEN?

- Wurzelnackte und Ballenpflanzen: Spätherbst bis Anfang Erstfrühling
- Containerpflanzen: ganzjährig, außer bei Frost
- Etwas frostempfindliche Arten wie Pfirsich, Aprikose und Quitte am besten im Frühjahr
- Containerpflanzen ganzjährig, außer bei Frost

WIE
VERBESSERE ICH DEN BODEN?

- Nicht nur die Pflanzstelle, sondern am besten auch die umgebende Fläche bearbeiten.
- Einige Wochen vor der Pflanzung umgraben oder mit der Grabegabel gründlich lockern.
- Kompost (3–5 l/m²) verteilen und oberflächlich einarbeiten.
- Dem Aushub etwas reifen Kompost untermischen, bei schwerem Boden zudem etwas Sand.

Pflanzgrube & Stützpfahl

- Heben Sie eine große Pflanzgrube aus: doppelt so tief und breit wie die Wurzeln bzw. der Wurzelballen.
- Lockern Sie die Sohle der Grube mit einer Grabegabel, bei schweren Böden auch die Wandungen.
- Schlagen Sie vor dem Pflanzen einen Stützpfahl ein.

Vorbereiten & einsetzen

- Feuchten Sie den Erdballen vor dem Einsetzen gründlich an. Stellen Sie wurzelnackte Pflanzen mehrere Stunden in einen Eimer mit Wasser und kürzen Sie überlange Wurzeln ein.
- Setzen Sie den Baum so ein, dass die verdickte Veredlungsstelle etwa 10 cm über die Bodenoberfläche kommt.

KOSMOS
SOFORTHELFER

Um das Bäumchen bzw. die Veredlungsstelle auf die richtige Höhe zu bringen, ist eine über die Grube gelegte „Richtlatte" hilfreich. Füllen Sie die Grube nach und nach mit dem Aushub auf, bis die Höhe stimmt. Setzen Sie den Baum lieber ein klein wenig höher ein als zu tief, da sich die Erde beim Antreten und Einschlämmen noch etwas setzt.

Erde auffüllen & gießen

- Gießen Sie schon beim Auffüllen der Erde ein- oder zweimal, und rütteln Sie das Bäumchen ein wenig, damit die Wurzeln guten Bodenkontakt bekommen.
- Zum Schluss treten Sie die Oberfläche fest, häufen ringsum einen kleinen Gießrand auf und schlämmen dann den Boden kräftig mit Wasser ein.

Am Pfahl anbinden

- Für das Anbinden eignen sich Kokosstricke oder elastische Baumbinder aus Kunststoff.
- Stricke wickelt man zum Schluss in engen Windungen um die Bindung. So entsteht ein fester Knäuel, der das Stämmchen auf Abstand hält, damit es nicht am Pfahl scheuern kann.

STAUDEN PFLANZEN

WANN
KANN ICH PFLANZEN?

- Stauden werden meist als im Topf angezogene Containerpflanzen angeboten und können so jederzeit gesetzt werden, außer bei Frost.
- Frühjahr: ideal für Spätsommer- und Herbstblüher sowie etwas frostempfindliche Pflanzen
- Herbst: ideal für Frühlings- und Frühsommerblüher

WAS
BRAUCHE ICH DAFÜR?

- Spaten, Grabegabel, Hacke, Rechen zum Lockern und Vorbereiten der Fläche
- Kleine Pflanzschaufel
- Zollstock oder Bandmaß zum Überprüfen der Pflanzabstände
- Praktisch: ein kleines Brett zum Auftreten oder Hinknien

Pflanzen verteilen

- Verteilen Sie zunächst die Pflanzen in den Töpfen auf der Fläche, um die Anordnung zu überprüfen und, wenn nötig, zu verbessern.
- Beginnen Sie beim Verteilen und dann auch beim Einpflanzen mit den großen Leitstauden, bei einer in der Höhe gestaffelten Pflanzung von hinten nach vorn.

Einpflanzen

- Nehmen Sie die Pflanzen aus den Töpfen, und feuchten Sie die Erdballen gut an.
- Setzen Sie die Pflanzen so ein, dass der Ballen mit der Bodenoberfläche abschließt.
- Drücken Sie die Erde nach dem Auffüllen rundum fest an und gießen Sie gründlich.

VORFRÜHLING STAUDEN TEILEN

Ausgraben

- Lockern Sie den Boden rund um die Pflanze mit der Grabegabel, und graben Sie sie aus, möglichst mit unbeschädigtem Wurzelwerk.
- Trennen Sie aus den äußeren Bereichen der Pflanzen ungefähr faustgroße Teilstücke mit mindestens ein bis zwei Triebknospen und genug Wurzeln ab.

Zerteilen & einsetzen

- Je nach Stärke und Dichte der Wurzeln benötigen Sie für das Zerteilen einen Spaten oder ein kräftiges Messer. Kleinere Pflanzen kann man oft schon mit den Händen auseinanderziehen.
- Setzen Sie die Teilstücke gleich wieder ein und gießen Sie gründlich an.

DIE
12
SCHNELLSTEN
ANTWORTEN

ERSTFRÜHLING

DIE FORSYTHIEN, AUCH BEKANNT UND BELIEBT ALS GOLDGLÖCKCHEN, LÄUTEN MIT IHREN SONNIG GELBEN BLÜTEN DEN ERSTFRÜHLING EIN. IMMER MEHR ZUGVÖGEL KEHREN ZURÜCK, UND BIENEN UND HUMMELN MACHEN SICH AUF DIE POLLEN- UND NEKTARSUCHE. IM GARTEN ERLEBT MAN OFT SCHON WUNDERSCHÖNE FRÜHLINGSTAGE. DOCH IMMER NOCH KÖNNEN NACHTFRÖSTE DARAN ERINNERN, DASS SICH DER WINTER ERST VOR EINIGEN WOCHEN VERABSCHIEDET HAT.

FLEXIBLE BLÜTEZEIT

Ähnlich wie die Schneeglöckchenblüte kann auch der Forsythienflor zu sehr unterschiedlichen Zeiten erscheinen. Die Spanne reicht von etwa Ende Februar bis Mitte April. Und auch die Forsythie wird manchmal durch ungewöhnliche Wärmeperioden zum außerordentlich frühen Blühen angeregt. In diesen Ausnahmefällen wartet man im Garten besser die Süßkirschenblüte ab, wenn es um „kältekritische" Pflanzen und Arbeiten geht.

AKTIVE ABENDE

Die meisten Gehölze und Stauden sowie viele Gemüse sind allerdings nicht übermäßig zimperlich. So gibt es im Garten jetzt schon einiges zu tun. Da ist es ganz praktisch, dass die Tage deutlich länger werden und man auch am frühen Abend noch etwas werkeln kann. Dies gilt erst recht, wenn die Uhren am letzten Märzsonntag auf die Sommerzeit umgestellt werden.

BESCHWINGTES ARBEITEN

Manches ist jetzt schon „Terminsache" und duldet nicht mehr allzu langen Aufschub, wie etwa der Rosenschnitt, das Rasenmähen und das Vorziehen von Tomaten. Aber beschwingt durch Frühlingsblüten und -düfte geht die Arbeit leicht von Hand – und es kann nichts schaden, draußen schon einmal einen Stuhl zu platzieren, um bei schönem Wetter einfach das Frühlingserwachen zu genießen.

WORAUF MUSS ICH ACHTEN?

ALLGEMEINES

☑ Den Rasen zum ersten Mal mähen, wenn er nicht mehr zu feucht ist

☑ Rasenflächen nach dem ersten oder zweiten Mähen vertikutieren und düngen

☑ Saaten und Neupflanzungen regelmäßig gießen

☑ Die ersten Unkräuter gleich gründlich jäten

☑ Bei sonnigem Wetter Frühbeet und Gewächshaus regelmäßig lüften

BLUMEN & STAUDEN

☑ Sommerblumen drinnen vorziehen

☑ Erste Anzuchten pikieren

☑ Robuste Sommerblumen, z. B. Ringelblumen und Kornblumen, direkt aufs Beet säen oder auspflanzen

☑ Saaten gleichmäßig feucht halten

☑ Stauden pflanzen, v. a. Spätsommer- und Herbstblüher

☑ Zwiebelblumen bei Trockenheit zurückhaltend gießen

ZIERGEHÖLZE & ROSEN

☑ Beet- und Edelrosen abhäufeln und zurückschneiden

☑ Gute Pflanzzeit für Rosen und kälteempfindliche Gehölze wie Magnolie und Schmetterlingsstrauch

☑ Gute Pflanzzeit für immergrüne Nadel- und Laubgehölze

☑ Bald nach Beginn des Erstfrühlings letzte wurzelnackte Gehölze setzen; bei warmem Wetter Containerpflanzen bevorzugen

GEMÜSE, KRÄUTER, ERDBEEREN

☑ Wärmebedürftige Gemüse und Kräuter drinnen vorziehen, z. B. Tomaten, Paprika, Basilikum

☑ Erste Anzuchten pikieren

☑ Robustere Gemüse und Kräuter ins Beet säen, z. B. Rettiche, Mangold, Petersilie

☑ Sämlinge im Beet auf den richtigen Abstand ausdünnen

☑ Saaten gleichmäßig feucht halten, mit Kulturschutznetzen abdecken

☑ Hauptpflanzzeit für alle Gemüse und Kräuter, die nicht besonders kälteempfindlich sind; auch für Frühkartoffeln

☑ Regelmäßig gießen und zwischen den Reihen vorsichtig hacken

☑ Früh gesetzte Kohl- und Lauchpflanzen anhäufeln

☑ Nach den letzten Frösten mediterrane Kräuter zurückschneiden

☑ Spinat, die ersten Salate und Radieschen ernten

OBSTBÄUME & BEERENSTRÄUCHER

☑ Alte Mulchschichten entfernen, Kompost oder Dünger ausbringen, die Baumscheiben erst wieder nach Ende der Blütezeit mulchen

☑ Frühe Obstblüten vor kalten Nächten mit Vliesen schützen (v. a. bei Spalierobst)

☑ Gute Pflanzzeit für kälteempfindliche Obstgehölze, z. B. Pfirsich, Kiwi und Weinrebe

KOSMOS
SOFORTHELFER

Auch wenn man sonst etwas Wildwuchs duldet, ist nun sorgfältiges Unkrautjäten sehr ratsam. Zum einen bekommen Sie so ausbreitungsfreudige Wurzelunkräuter noch recht leicht in den Griff. Zum andern vertragen Sämlinge und Jungpflanzen kaum Konkurrenz durch wüchsige „Spontanflora". Mulchen ist noch nicht empfehlenswert, weil dadurch Schnecken angelockt werden können.

ROSEN ZURÜCKSCHNEIDEN

WAS
MUSS ICH BEACHTEN?

- Der Hauptschnitt erfolgt im Frühjahr, da über Winter noch Triebe erfrieren können.
- Im Herbst sollten vor allem kranke und krankheitsverdächtige Zweige (z. B. mit Mehltaubefall) entfernt werden.
- Starkwüchsige Rosen können Sie im Herbst ebenfalls leicht einkürzen.

WIE
SCHNEIDE ICH KLETTERROSEN?

- Bei älteren Kletterrosen gelegentlich ein bis zwei überalterte Haupttriebe unten herausschneiden.
- Die stärksten Haupttriebe nicht einkürzen.
- Seitentriebe auf vier bis fünf Augen zurückschneiden, bei einmalblühenden Sorten auf zwei bis drei Augen.

Abhäufeln

- Entfernen Sie zunächst die Reste der Winterschutzabdeckung und die im Herbst an der Basis angehäufelte Erde.
- Dann werden Edel-, Beet- und Zwergrosen kräftig zurückgeschnitten, damit sie reichlich neue Triebe bilden; denn nur an diesen legen sie ihre Blütenknospen an.

Auslichten

- Schneiden Sie zuerst dürre, abgestorbene Triebe, soweit vorhanden, weg.
- Schneiden Sie dann die ältesten Triebe aus den Vorjahren ganz unten heraus, sodass nur noch drei bis fünf jüngere, kräftige Triebe stehen bleiben.
- Wildtriebe aus der Unterlage (Foto) werden ebenfalls herausgeschnitten.

KOSMOS
SOFORTHELFER

Stammrosen mit kompakten Kronen schneiden Sie so, wie bei den Edel- und Beetrosen beschrieben, also jährlich die Triebe einkürzen. Langtriebige Hänge- bzw. Kaskadenrosen dagegen blühen an vorjährigen Trieben und werden nur leicht in Form geschnitten.
Bei Bodendeckerrosen genügt meist ein kräftiger Rückschnitt alle vier bis fünf Jahre.

Zurückschneiden

- Kürzen Sie die verbliebenen Triebe ein, bei starkem Wuchs auf vier bis sechs Augen (Knospenansätze), bei schwächerem Wuchs auf drei bis vier Augen.
- Setzen Sie dabei die Schere rund 0,5 cm über dem Auge an, leicht schräg, sodass die Schnittfläche zur gegenüberliegenden Seite hin etwas abfällt.

Strauchrosen schneiden

- Einmalblühende Strauchrosen müssen Sie nur alle paar Jahre durch Herausschneiden der ältesten Triebe auslichten.
- Kürzen Sie bei öfterblühenden Strauchrosen die Triebe um mindestens ein Drittel ein, bei schwächer wachsenden Sorten bis zu zwei Drittel.

GEMÜSE AUSSÄEN

WELCHES
ZUBEHÖR IST HILFREICH?

- Rechen
- Richtschnur, aufgespannt an zwei Pflöcken, und Zollstock
- Stöcke als Rillenzieher
- Gießkanne oder Schlauchaufsatz mit feiner Brause
- Vlies oder Folie zum Abdecken früher und sehr später Saaten
- Kulturschutznetz gegen Gemüsefliegen und andere Schädlinge

WAS
BEDEUTET HORSTSAAT?

- Das Auslegen der Samen in kleinen Gruppen bzw. Häufchen, meist zu drei bis acht
- Geeignet für schwer keimende Arten, solche mit großen Samen und für rankende Gemüse, z. B. Buschbohnen, Erbsen und Gurken
- Bei Stangenbohnen kreisförmige Horstsaat rund um die Stützstangen

Aussaat in Reihen

- Die meisten Samen werden am besten in geraden, parallelen Reihen ausgelegt. Beachten Sie dabei die auf der Tüte empfohlenen Reihenabstände und die Saattiefe.
- Die Saatrillen können Sie z. B. mit einem Stöckchen oder dem Rechenstiel ziehen.

Saattiefe & Abdeckung

- Sehr feine Samen und Lichtkeimer wie Salat und Sellerie brauchen höchstens flache Rillen, da sie nur angedrückt und dünn mit Erde überstreut werden.
- Ansonsten sät man je nach Samengröße 2–5 cm tief, füllt die Rillen mit Erde auf und drückt diese etwas an. Dann mit feiner Brause gründlich angießen.

KOSMOS
SOFORTHELFER

Wenn Sie die Saaten gleich-mäßig feucht halten, erschei-nen meist nach zwei bis drei Wochen die Sämlinge. Es gibt aber auch ausgesprochene Langsamkeimer wie Möhren und Petersilie, die bis zu fünf Wochen brauchen. Verteilen Sie hier am besten ein paar Radieschensamen in den Ril-len: Diese keimen besonders schnell und markieren so den Verlauf der Saatreihe. Da-durch wissen Sie, dass hier nicht gehackt werden darf.

Aussaat mit Saatband

- In Saatbändern sind die Samen schon im optimalen Endabstand zwischen später verrottenden Papierstreifen eingeschlossen.
- Sie werden in der benötigten Länge zugeschnitten, in die Rillen gelegt und für guten Bodenkontakt gleich angegossen. Dann mit Erde abdecken und nochmals gründlich gießen.

Sämlinge ausdünnen

- Sät man ohne Saatband, stehen die Sämlinge nach dem Aufgehen oft zu eng. Ziehen Sie dann vorsichtig so viele Sämlinge heraus (bevorzugt die schwächeren), dass die anderen den richtigen Abstand haben.
- Drücken Sie diese nach dem Ausdünnen etwas an, damit sie wieder fest stehen.

INS BEET PFLANZEN

WAS
BRAUCHE ICH DAFÜR?

- Für Reihenpflanzung praktisch: Richtschnur, aufgespannt an zwei Pflöcken
- Zollstock zum Überprüfen der Reihenabstände
- Pflanzschaufel
- Gießkanne, am besten ohne Brauseaufsatz
- Hilfreich: Kulturschutznetz gegen Gemüsefliegen und andere Schädlinge

WORAUF
MUSS ICH ACHTEN?

- Frisch gesetzte Jungpflanzen gleichmäßig feucht, aber nicht nass halten.
- Bis die Pflanzen gut angewachsen sind Unkräuter besonders früh und gründlich entfernen.
- Auf Schnecken und andere Schädlinge achten, diese frühzeitig abwehren und bekämpfen.

Gemüse pflanzen

- Ebenso wie bei der Aussaat hat sich das Pflanzen in Reihen bewährt und erleichtert die Pflege.
- Beachten Sie die jeweils empfohlenen Mindestabstände. Bei Angaben wie „50 × 30 cm" steht die erste Zahl immer für den Reihenabstand, die zweite für den Abstand innerhalb der Reihe.

Pflanztiefe

- Die meisten Pflanzen werden so tief gesetzt, dass der Wurzelhals gerade eben unter den Boden kommt.
- Achten Sie bei Salatjungpflanzen darauf, dass das „Herz" mit den jungen Triebknospen über der Oberfläche bleibt.
- Lauch dagegen kann bis kurz unterm Blattansatz in den Boden kommen.

KOSMOS
SOFORTHELFER

Bei allen Pflanzen sollte der Wurzelballen vor dem Einsetzen gründlich angefeuchtet werden. Besonders wichtig ist dies bei Gemüse mit Erdpressballen ohne Topf. Sind diese nicht mehr richtig feucht, stellen Sie sie am besten in eine Schale mit Wasser, bis sie sich vollgesaugt haben. Gießen Sie nach dem Einpflanzen alles auch nochmal kräftig an.

Sommerblumen pflanzen

- Sommerblumen setzt man in eher lockeren Gruppen; schön auch in gemischten Pflanzungen. Achten Sie aber auch hier auf die nötigen Pflanzabstände.
- Bei der Anordnung können Sie wie bei den Stauden vorgehen (Seite 42).
- So einpflanzen, dass der Erdballen mit der Bodenoberfläche abschließt.

Kräuter pflanzen

- Da meist nur wenige Exemplare gebraucht werden, bietet sich das Pflanzen in lockeren Grüppchen an.
- Pfefferminze, aber auch auch Zitronenmelisse und Estragon, wuchern oft so stark, dass sich das Pflanzen mit Wurzelsperre empfiehlt, d. h. in einem großen Topf oder Mörteleimer mit herausgetrenntem Boden.

RASEN MÄHEN & PFLEGEN

WIE
TIEF SOLL ICH MÄHEN?

- Normaler Gebrauchsrasen: 4 cm; in trockenen, heißen Sommerwochen 5–6 cm
- Zierrasen: 3 cm
- Schattenrasen: 5 cm
- Faustregel: stets nur um ein Drittel der Wuchshöhe einkürzen

WAS
GIBT ES NOCH ZU TUN?

- Maulwurfshügel locker verteilen oder ganz abtragen. Danach den Boden an den Maulwurfsausgängen festtreten.
- Hartnäckige Unkräuter ausstechen.
- Kahlstellen nachsäen (nach dem Vertikutieren).

Der erste Schnitt

- Pendeln sich die Temperaturen zunehmend über 10 °C ein, können Sie bei trockenem Wetter zum ersten Mal mähen.
- Ist das Gras schon recht hoch, weil Sie im Herbst nicht mehr zum Mähen kamen, schneiden Sie zunächst mit einer hohen Schnittstufe; ein paar Tage später dann auf die übliche Höhe von rund 4 cm.

Vertikutieren

- Je nach Wetter muss nun alle ein bis zwei Wochen der Rasenmäher in Aktion treten.
- Nach dem zweiten Mähen empfiehlt sich das Vertikutieren mit einem Hand- oder Motorvertikutierer. Das befreit die Grasnarbe von altem Filz und Moos und verbessert so Durchlüftung, Wasser- und Nährstoffzufuhr.

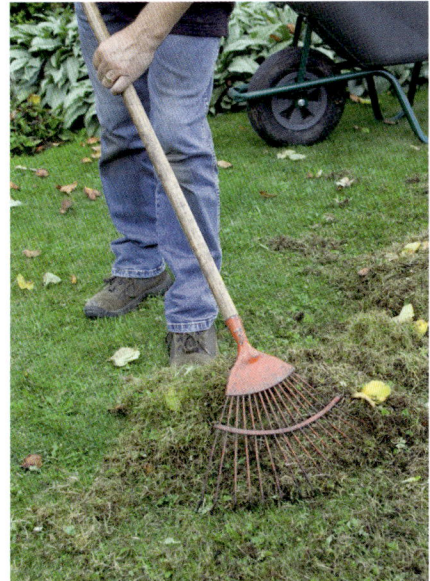

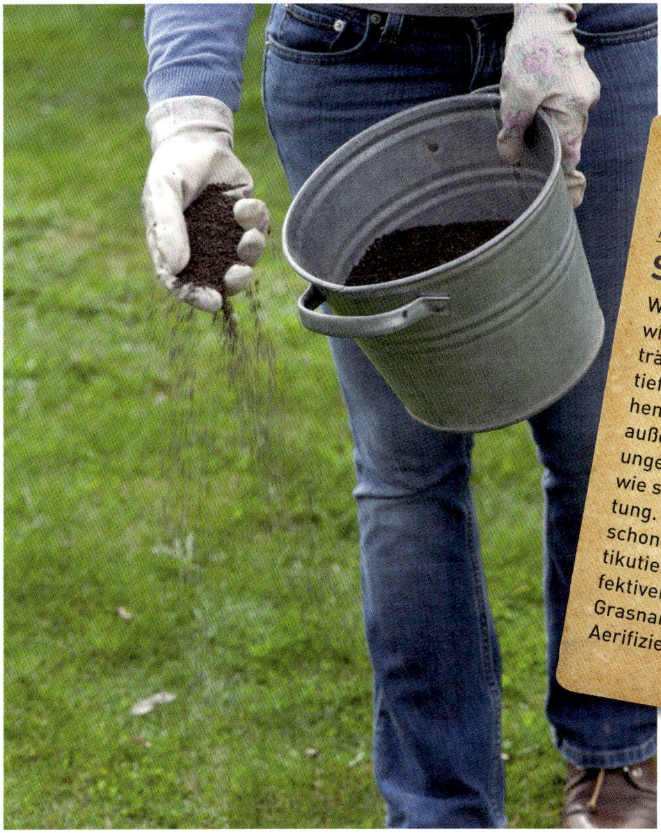

KOSMOS

SOFORTHELFER

Wird das satte Grün immer wieder durch Moos beeinträchtigt, liegt das oft an zu tiefem oder zu seltenem Mähen. Häufige Ursachen sind außerdem mangelnde oder ungeeignete Düngung sowie schlechte Durchlüftung. Gegen Letzteres kann schon regelmäßiges Vertikutieren helfen. Noch effektiver ist das Belüften der Grasnarbe mit speziellen Aerifiziergeräten.

Reste abharken

- Rechen Sie nach den ersten ein bis zwei Mähgängen den Grasschnitt am besten ab. So erwischen Sie auch gleich die letzten Winterreste wie Laub- und Zweigstückchen.
- Bei Verwendung eines Mulchmähers kann das zerkleinerte Gras später dann liegen bleiben und vorteilhaft verrotten.

Düngen

- Die Frühjahrsdüngung kann gleich zu Wachstumsbeginn noch vor dem ersten Mähen erfolgen. Dann stärkt sie schon früh die wintergestressten Gräser. Andernfalls düngt man nach dem Vertikutieren.
- Im Frühsommer wird nochmals gedüngt, wenn nötig, folgt eine dritte Gabe im Spätsommer.
- Verwenden Sie nur geeigneten Rasendünger und beregnen Sie danach bei Trockenheit.

VOLLFRÜHLING

WENN DIE ERSTEN APFELBÄUME IHRE BLÜTEN ÖFFNEN, PRÄSENTIERT SICH DER FRÜHLING IN GANZER PRACHT, MANCHMAL SCHON FAST MIT SOMMERLICHEN ZÜGEN. ZWIEBELBLUMEN UND ANDERE FRÜHJAHRSBLÜHER WERDEN ZUNEHMEND VON SCHÖNHEITEN ABGELÖST, DEREN FLOR BIS IN DEN SOMMER HINEIN ANHÄLT, SO ETWA PFINGSTROSE UND TÜRKISCHER MOHN.

VORWITZIGE APFELSORTEN

Obstliebhaber wissen, dass sich die Blüte und Ernte der verschiedenen Apfelsorten über einen langen Zeitraum erstreckt. Wer den Vollfrühling genau registrieren will, muss nun gezielt auf die Blüten von Frühsorten wie 'Discovery', 'James Grieve' und 'Piros' achten. Ist man sich unsicher, kann man auch nach dem Flieder schauen: Der erblüht meist um dieselbe Zeit wie die frühen Äpfel.

EISIGE HEILIGE

Ein wichtiger Merktermin kommt im phänologischen Kalender nicht vor und ist an ein fixes Datum gebunden: die Eisheiligen. Sie heißen Pankratius, Servatius, Bonifatius sowie Sophia und ihnen sind im Kirchenkalender die Tage vom 12. bis 15. Mai gewidmet. Früher gab es um diese Zeit sehr häufig einen Kälteeinbruch mit Nachtfrösten. Seit Jahrhunderten warten deshalb Gärtner diesen Termin ab, bevor sie Tomaten, Gurken, Zinnien und andere kälteempfindliche Pflanzen ins Freie setzen. Heute treten diese Eisheiligen längst nicht mehr so regelmäßig auf – sie sind aber nicht ganz „ausgestorben". Beachtet man die alte Regel, ist man meist auf der sicheren Seite.

FRÜHE DELIKATESSEN

Im Garten gehören jetzt Gießen, Jäten und Hacken zunehmend zur Alltagsroutine. Aber es winkt auch eine angenehmere „Arbeit": das Ernten. Wer vorgesorgt hat, kann nun schon frische Salate und Radieschen genießen und vielleicht sogar die ersten Erdbeeren.

WORAUF MUSS ICH ACHTEN?

ALLGEMEINES

☑ Den Rasen regelmäßig mähen, am besten wöchentlich

☑ Gute Zeit für die Neueinsaat von Rasen oder Blumenwiese; die Saaten vier bis sechs Wochen gleichmäßig feucht halten

☑ Gute Zeit für die Anlage eines Gartenteichs

☑ Alle frisch gesetzten Pflanzen ausreichend gießen, nährstoffliebende mit Kompost oder Dünger versorgen

☑ Frühbeet und Gewächshaus regelmäßig lüften

☑ Bei anhaltender Trübung und Algenbildung im Teich (länger als drei bis vier Wochen) eine Wasseruntersuchung durchführen; Ursachen (meist Nährstoffüberschuss) beseitigen

BLUMEN & STAUDEN

☑ Letzte Sommerblumen drinnen vorziehen, z. B. Sommerastern, Duftwicken

☑ Anzuchten pikieren

☑ Robuste Sommerblumen, z. B. Ringelblumen und Klatschmohn, direkt aufs Beet säen oder auspflanzen

☑ Saaten gleichmäßig feucht halten

☑ Frühjahrszwiebelblumen ganz verwelken und einziehen lassen, auch im Rasen

☑ Knollen und Zwiebeln von Dahlien, Gladiolen und anderen nicht winterharten Blumen auspflanzen

☑ Stauden pflanzen (nur noch Containerware im Topf)

☑ Nach den Eisheiligen (Mitte Mai) Sommerblumen wie Tagetes, Löwenmäulchen und Fleißige Lieschen auspflanzen

☑ Pfingstrosen und hohe Stauden stützen

ZIERGEHÖLZE & ROSEN

☑ Rosen düngen und hacken oder mulchen

☑ Wildtriebe, die bei Rosen, Flieder und anderen veredelten Sträuchern aus der Unterlage wachsen, regelmäßig entfernen

☑ Bei Rhododendren verwelkte Blütenstände vorsichtig ausbrechen

☑ Kugel- und Pyramidenbäumchen wie Buchs und Liguster in Form schneiden

- ☑ Bei anhaltender Trockenheit des Öfteren gründlich gießen

GEMÜSE, KRÄUTER, ERDBEEREN

- ☑ Letzte Gemüse und Kräuter drinnen vorziehen, z. B. Zucchini, Bohnen, Basilikum

- ☑ Anzuchten pikieren

- ☑ Viele Gemüse können jetzt direkt ins Beet gesät werden, z. B. Möhren, Rote Bete, Bohnen, Mangold

- ☑ Beim Säen von Salaten und anderen Gemüsen auf geeignete Sommersorten achten

- ☑ Sämlinge im Beet auf den richtigen Abstand ausdünnen

- ☑ Saaten und Jungpflanzen gleichmäßig feucht halten, mit Kulturschutznetzen abdecken

- ☑ Nach den Eisheiligen (Mitte Mai) kälteempfindliche Gemüse und Kräuter auspflanzen, z. B. Tomaten, Gurken, Bohnen, Basilikum

- ☑ Gegen Ende des Vollfrühlings Rosenkohl und Brokkoli pflanzen

- ☑ Lauch, Kohl und Frühkartoffeln anhäufeln

- ☑ Regelmäßig gießen, lockern, jäten

- ☑ Ernten und genießen, z. B. Salate, frühen Kohlrabi, Rhabarber und erste Erdbeeren

OBSTBÄUME & BEERENSTRÄUCHER

- ☑ Blühende Obstgehölze bei Trockenheit gründlich gießen

- ☑ Junge Himbeer- und Brombeerruten aufbinden

- ☑ Gute Pflanzzeit für Obstgehölze im Container

- ☑ Gegen Ende des Vollfrühlings nach den ersten reifen Süßkirschen umsehen

KOSMOS
SOFORTHELFER
Säen, pflanzen, gießen, mähen, eventuell noch neuen Rasen einsäen und einen Teich anlegen: Der Vollfrühling kann bei all seinen schönen Seiten auch unangenehm hektisch werden. Nehmen Sie sich gerade deshalb etwas Zeit, um in Ruhe zu planen, was für die nächsten Gartentage und Wochenenden am wichtigsten ist. So lässt sich mancher Stress vermeiden.

RASEN ANLEGEN

WANN
IST DER BESTE ZEITPUNKT?

- Für die Aussaat: Mitte Erstfrühling bis Vollfrühling oder Frühherbst
- Für Rollrasen: optimal im Erst- oder Vollfrühling; möglich bis Anfang Spätherbst

WAS
BRAUCHE ICH ZUM SÄEN?

- Rasensaatgut (üblicherweise 25 g/m²)
- Hilfreich: Säwagen
- Rechen
- Kleine Trittbretter oder Walze (eventuell im Fachhandel ausleihen)
- Schlauch mit feiner Brause oder Regner

Boden vorbereiten

- Den Boden mindestens drei Wochen vor der Aussaat umgraben; hacken und gründlich alle Unkrautwurzeln entfernen; die Oberfläche einebnen.
- Vor der Aussaat mit dem Kultivator lockern, letzte Unkräuter entfernen und mit dem Rechen eine gerade, feinkrümelige Saatfläche herrichten.

Aussäen

- Die Samen gleichmäßig verteilen.
- Die Samen mit dem Rechen flach einarbeiten; dann, mit an die Schuhe gebundenen Trittbrettern oder einer Walze andrücken.
- Mit feiner Brause ausgiebig bewässern.
- Die nächsten vier Wochen sehr gleichmäßig feucht halten.

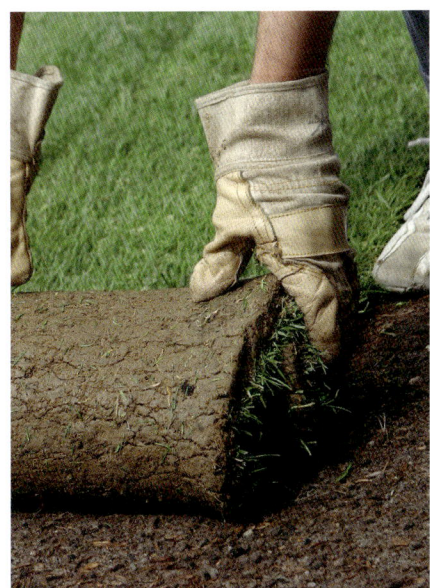

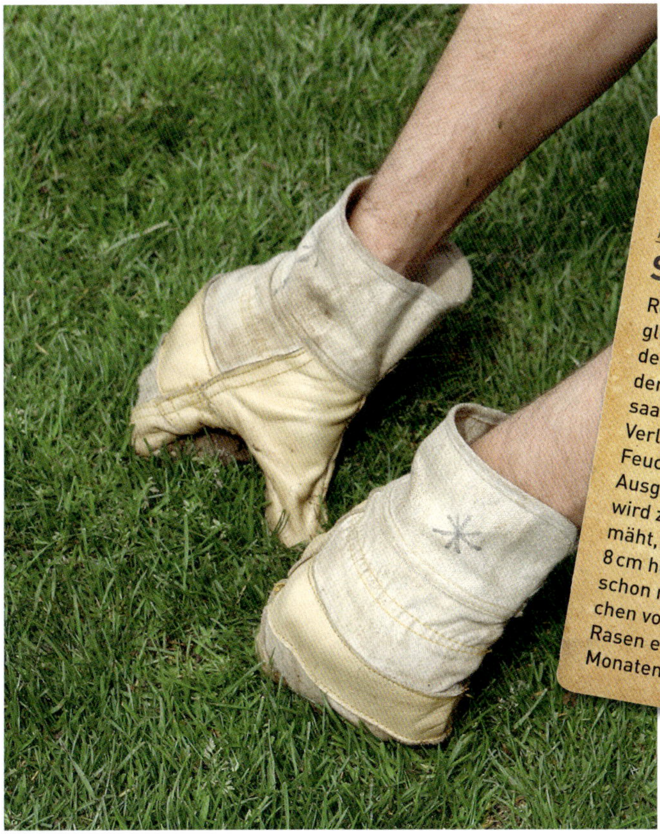

KOSMOS

SOFORTHELFER

Rollrasen sollte möglichst gleich nach dem Kauf bzw. der Anlieferung verlegt werden. Ebenso wie Rasensaat braucht er nach dem Verlegen gleichmäßige Feuchtigkeit.

Ausgesäter wie Rollrasen wird zum ersten Mal gemäht, sobald die Gräser etwa 8 cm hoch sind. Rollrasen ist schon nach gut sechs Wochen voll begehbar, gesäter Rasen erst nach zwei bis drei Monaten.

Rollrasen verlegen

- Die erste Bahn entlang einer geraden Kante bzw. Richtlatte auslegen. Die nächsten jeweils an den Schmalseiten anlegen, bis die erste Reihe fertig ist.
- Die Bahnen der zweiten Reihe so verlegen, dass sie jeweils in der Mitte bzw. auf halber Höhe der jeweiligen Nachbarbahnen beginnen.

Bahnen andrücken

- Alle weiteren Reihen entsprechend versetzt zu den benachbarten Reihen auslegen. Die Bahnen sollten lückenlos aneinander anschließen.
- Jede Bahn gleich nach dem Auslegen mit dem Fuß oder der Rückseite des Rechens andrücken.
- Abschließend die gesamte Fläche mit einer Walze, quer zur Verlegerichtung, andrücken und gründlich angießen.

FRUCHTGEMÜSE PFLANZEN

WANN
IST DER BESTE ZEITPUNKT?

- Für fast alle Fruchtgemüse: nach den Eisheiligen, also ab Mitte Mai
- Paprika, Aubergine, Zuckermelone: bei kühlem Wetter erst Ende Mai, Anfang Juni; gedeihen sicherer im Gewächshaus
- Ausnahmen: Dicke Bohnen und Erbsen, die schon ab Vor- oder Erstfrühling direkt ins Beet gesät werden

WORAUF
MUSS ICH ACHTEN?

- Alle Fruchtgemüse (mit Ausnahme der Bohnen und Erbsen) sind Starkzehrer und brauchen einen gut mit Kompost versorgten Boden.
- Alle benötigen viel Platz (mit Ausnahme der Buschbohnen): je nach Art und Sorte 50–100 cm Pflanzabstand, starkwüchsige Kürbisse bis 2,5 m.

Tomaten pflanzen

- Setzen Sie die Pflanzen am besten so tief ein, dass der unterste Blattansatz gerade über den Boden kommt. So bilden sich zusätzliche Wurzeln am Stängel.
- Hochwüchsige Stabtomaten erhalten gleich beim Pflanzen einen Stützstab.

Paprika pflanzen

- Auch Paprikapflanzen können etwas tiefer gesetzt werden.
- Schwarze Mulchfolien oder -vliese sorgen für mehr Wärme von unten.
- Diese auf dem Beet auslegen und für die Pflanzstellen kreuzförmige Schlitze ausschneiden. Auch geeignet für Auberginen, Zucchini und Gurken.

KOSMOS
SOFORTHELFER
Die meisten Fruchtgemüse werden in warmen Räumen oder Gewächshäusern vorgezogen. Durch allmähliches Abhärten in den Wochen vor dem Auspflanzen können Sie sie an den Frischluftaufenthalt gewöhnen. Dazu kommen sie, noch in Töpfen, bei mildem Wetter tagsüber nach draußen an einen etwas geschützten Platz und werden abends wieder nach drinnen geholt.

Gurke & Kürbis pflanzen

- Gurken- und Kürbispflanzen setzt man nur so tief wie sie vorher im Topf standen.
- Gurken lassen sich kriechend am Boden ziehen, jedoch platzsparender an hohen Stäben, senkrechten Drähten oder Maschendrahtgitter.
- Auch rankende, kleinfrüchtige Kürbisse können an Rankgittern hochwachsen.

Stangenbohnen pflanzen

- Errichten Sie schon vor dem Pflanzen Gerüste zum Hochwinden (2–3 m hoch): schräg eingeschlagene, sich überkreuzende oder zeltartig angeordnete Stangen oder Gerüste mit senkrechten Drähten oder Schnüren; in Abständen von rund 60 cm.
- Die Pflanzen etwas tiefer einsetzen, als sie zuvor im Topf standen. Anfangs aufleiten, bis sie sich von selbst hochwinden.

ZIERSTRÄUCHER PFLEGEN

WAS
IST AM WICHTIGSTEN?

- Gießen bei anhaltender Trockenheit: nur alle paar Tage, dann aber gründlich (10–20 l/m², bei großen Sträuchern auch mehr)
- Mulchen mit Rasenschnitt, Rindenmulch u. Ä.: für fast alle Sträucher empfehlenswert
- Hacken: nur bei tief wurzelnden Sträuchern, z. B. Rosen, Stechpalme, Zierkirsche
- Auf Anzeichen von Krankheiten und Schädlingen achten

WELCHE
ARBEITEN FALLEN NOCH AN?

- Verwelkte Blüten entfernen: nur bei Rhododendren, Flieder und Rosen (Seite 72)
- Triebe von Klettergehölzen aufleiten und, wenn nötig, locker anbinden

Rhododendron gießen

- Gießen Sie bei längerer Trockenheit kräftig; möglichst nur mit kalkarmem bzw. Regenwasser.
- Im Wurzelbereich nicht tief hacken. Stattdessen den Boden 3–5 cm hoch mit Rindenmulch, Laub-, Nadelkompost oder angerottetem Holzhäcksel abdecken; das schützt auch vorm Austrocknen.

Welkes entfernen

- Brechen Sie die verwelkten Blütenstände nach der Blüte vorsichtig aus, besonders bei noch jungen Rhododendren.
- Versorgen Sie die Sträucher im Erstfrühling mit Rhododendrondünger; dann noch einmal im Hochsommer, nach der Blüte, um die Knospenanlage für das nächste Jahr zu fördern.

KOSMOS
SOFORTHELFER

Falls ein regelmäßiger Schnitt erforderlich ist, wird er im Vorfrühling oder nach der Blüte durchgeführt. Wenn nötig, kann man aber auch jetzt oder im Sommer eingreifen – zumindest, um einige überlange Triebe einzukürzen oder auch störende Zweige ganz zu entfernen. Das gilt erst recht für beschädigte oder erkrankte Triebe.

Wildtriebe entfernen

- Veredelte Sträucher wie Korkenzieherhasel, Flieder und Felsenbirnen treiben öfter Wildtriebe aus der Wurzelunterlage. Entfernen Sie diese regelmäßig.
- Bei Rosen liegt die Veredlungsstelle unter der Erdoberfläche. Deshalb vorsichtig aufgraben und die Wildtriebe mit kräftigem Ruck direkt an der Ansatzstelle abreißen.

Formschnitt

- Sollen Buchs, Liguster und andere Gehölze in dekorativer Kugel- oder Kegelform gezogen werden, schneidet man sie regelmäßig im Erst- oder Vollfrühling. Einer zweiter Schnitt folgt, wenn nötig, im Spätsommer oder Frühherbst.
- Grundsätzlich schneidet man immer den Teil des Neuaustriebs weg, der über die angestrebten Konturen hinausragt.

FRÜHSOMMER

GEMÄSS DEM PHÄNOLOGISCHEN KALENDER ZEIGEN DIE ERSTEN BLÜTEN DES SCHWARZEN HOLUNDERS AN, DASS DER FRÜHSOMMER BEGINNT. IM LANG-JÄHRIGEN MITTEL LÄSST SICH DAS IN DER LETZTEN MAIWOCHE BEOBACHTEN, KANN ABER ZWISCHEN ENDE APRIL UND ENDE JUNI SCHWANKEN. ETWA UM DIESELBE ZEIT ÖFFNEN SICH AUCH DIE DUFTENDEN BLÜTENTRAUBEN DER ROBINIE.

ÜPPIGE BLÜTENFÜLLE

Holunder, Robinie, Weigelie, Fingerstrauch, Rhododendren und andere Blütensträucher, dazu die Vielfalt der Sommerblumen und Stauden: Der Frühsommer präsentiert sich geradezu im Blütenrausch. Dem setzen schließlich die Rosen die Krone auf, die nun ebenfalls ihre Knospen entfalten. Am besten macht man sich nun das Ausputzen verwelkter Blüten zur Gewohnheit, um den Flor möglichst lang zu genießen.

LECKERE ERNTEN

Hat man im Frühling zeitig losgelegt, kann der Gemüsegarten schon allerhand bieten, vom frühen Kohlrabi und Lauch bis zu den ersten knackigen Möhren und Rettichen. Dazu kommen saftiger Rhabarber, köstliche Erdbee-ren und vielleicht auch schon die frühen Kirschen. Solche Genüsse sind der ideale Ansporn für die anfallenden Pflegearbeiten. Denn gerade im Nutzgarten gibt es nun einiges zu tun, wenn der Erntesegen anhalten soll.

SATTES GRÜN

Die Rasengräser sind im Frühsommer ausgesprochen wuchsfreudig. Planen Sie nun wöchentliches Mähen ein, außerdem eine zweite Düngung. Fällt längere Zeit kein Regen, lohnt sich schon gelegentliches Bewässern. Je sorgfältiger der Rasen jetzt versorgt und gepflegt wird, desto besser kommt er mit heißen Trockenperioden im Hochsommer zurecht.

WORAUF MUSS ICH ACHTEN?

ALLGEMEINES

- ☑ Den Rasen regelmäßig mähen; zum Frühsommerbeginn nachdüngen; wenn nötig beregnen

- ☑ In Beeten und Pflanzflächen regelmäßig gießen, jäten und hacken

- ☑ Zwischen Beetreihen, Stauden und Sträuchern mulchen (z. B. mit Rasenschnitt)

- ☑ Gewächshaus regelmäßig lüften

BLUMEN & STAUDEN

- ☑ Direkt ins Beet gesäte Sommerblumen auf den richtigen Abstand ausdünnen

- ☑ Gegen Frühsommerende zweijährige Sommerblumen wie Tausendschön, Goldlack und Vergissmeinnicht vorziehen

- ☑ Saaten gleichmäßig feucht halten

- ☑ Bei Sommerblumen, Prachtstauden und Dahlien regelmäßig Verblühtes entfernen

- ☑ Polsterstauden wie Polsterphlox, Blaukissen und Schleifenblume nach der Blüte um gut ein Drittel zurückschneiden

- ☑ Sommerblumen, v. a. in Balkonkästen, etwa alle zwei bis drei Wochen düngen

- ☑ Hohe Stauden, Sommer-, Zwiebel- und Knollenblumen stützen

ZIERGEHÖLZE & ROSEN

- ☑ Bei öfterblühenden Rosen regelmäßig die verwelkten Blüten herausschneiden

- ☑ Beim Flieder verwelkte Blütenrispen herausschneiden

- ☑ Frühjahrsblühende Sträucher wie Forsythien und Blutjohannisbeeren auslichten und, wenn nötig, zurückschneiden

- ☑ Kletterrosen und andere Kletterpflanzen aufleiten und aufbinden

- ☑ Bei anhaltender Trockenheit des Öfteren gründlich gießen

GEMÜSE, KRÄUTER, ERDBEEREN

- ☑ Letzte Fruchtgemüse wie Tomaten und Zucchini auspflanzen

- ☑ Nun bald den letzten Lauch, Mangold, Spätkohl, Blumenkohl, Brokkoli, Rote Bete, Bohnen und Erbsen säen

- ☑ Schnellwüchsige Gemüse wie Salate und Radieschen alle paar Wochen nachsäen

☑ Beim Säen von Salaten und anderen Gemüsen auf geeignete Sommersorten achten

☑ Herbst- und Wintergemüse wie Endivie, Radicchio und Grünkohl vorziehen oder ins Beet säen

☑ Sämlinge im Beet auf den richtigen Abstand ausdünnen

☑ Saaten und Jungpflanzen gleichmäßig feucht halten

☑ Kartoffeln, Kohl, Lauch, Tomaten, Gurken, Erbsen und Bohnen anhäufeln

☑ Bei Stabtomaten regelmäßig die Geiztriebe in den Blattachseln ausbrechen

☑ Gemüsebeete regelmäßig gießen, lockern, jäten; wenn nötig, nachdüngen

☑ Erdbeeren bei Trockenheit gießen; am besten mulchen

☑ Frühgemüse, Rhabarber und Blätter sowie Triebspitzen von Kräutern ernten

OBSTBÄUME & BEERENSTRÄUCHER

☑ Blühende und fruchtende Obstgehölze bei Trockenheit gründlich gießen

☑ Unter Obstbäumen den Boden mulchen

☑ Reife Süß- und Sauerkirschen und Beeren des Öfteren durchpflücken

KOSMOS
SOFORTHELFER

Wenn die Rosen aufgeblüht sind und die ersten Erdbeeren reifen, sollten Gemüsefans schon ein wenig vorausdenken: Spätestens Anfang des Hochsommers geht die Saatzeit für die meisten Arten zu Ende. Nur Herbst- und Wintergemüse wie Endivie und Grünkohl sind noch nicht ganz so eilig, kommen aber auch bald an die Reihe.

GEMÜSE PFLEGEN

WELCHE
ARBEITEN FALLEN AN?

- Regelmäßig gießen
- Unkraut jäten
- Hacken oder mulchen
- Anhäufeln
- Starkzehrer nachdüngen
- Stabtomaten ausgeizen
- Hoch wachsende Pflanzen stützen und aufbinden
- Dicht stehende Sämlinge ausdünnen

WAS
KANN ICH IM FRÜHSOMMER ERNTEN?

- Salate, Rucola
- Spinat, Mangold
- Radieschen, frühe Rettiche
- Frühe Möhren, Mairüben
- Früher Kohlrabi, Brokkoli und Chinakohl
- Früher Lauch
- Rhabarber

Kartoffeln anhäufeln

- Zum Anhäufeln zieht man Erde von den Seiten heran, um an der Stängelbasis kleine Hügel bzw. Dämme zu bilden.
- Häufeln Sie Kartoffeln ab einer Höhe von 15 cm mehrmals an, bis schließlich rund 20 cm hohe Dämme entstehen. Das beugt dem Vergrünen der Knollen vor – grüne Teile sind giftig!

Andere Gemüse anhäufeln

- Bei Möhren verhindert leichtes Anhäufeln das Vergrünen der Rübenköpfe.
- Lauch und Stangensellerie werden mehrmals und recht hoch angehäufelt, damit sie lange, helle Stangen bilden.
- Bei Kohl, Tomaten, Gurken und Bohnen verbessert mehrmaliges Anhäufeln die Standfestigkeit und Wurzelbildung.

KOSMOS

SOFORTHELFER

Mit einem speziellen Tomatendünger können Sie nicht nur Tomaten, sondern auch Zucchini, Gurken und andere Fruchtgemüse bedarfsgerecht versorgen. Am besten eignet sich organischer Tomatendünger. Den gibt es in fester Form zum Ausstreuen und leichten Einharken sowie als Flüssigdünger zum Ausgießen (in Wasser verdünnt).

Mulchen & aufbinden

- Mulch hält die Erde feucht. Trockenes Mulchmaterial wie Stroh und Gehölzhäcksel schützt zugleich Früchte, die dem Boden aufliegen, vor Verschmutzen und Fäulnis.
- Binden Sie hoch wachsende Gemüse wie Tomaten, Gurken, Erbsen und Bohnen an ihren Stützen auf, wenn nötig.

Starkzehrer nachdüngen

- Versorgen Sie Tomaten, Paprika, Zucchini, Gurken und Kürbisse alle zwei bis drei Wochen mit einem kalireichen Dünger.
- Mehrmaliges Nachdüngen mit einem Volldünger empfiehlt sich auch bei Kohlarten wie Kopfkohl, Blumenkohl, Brokkoli sowie Sellerie und Knollenfenchel.

VERBLÜHTES ENTFERNEN

WARUM
WELKE BLÜTEN AUSPUTZEN?

- Fördert neue Blütenknospen und verlängert so die Blütezeit
- Verhindert Selbstaussaat
- Beugt bei Nässe der Ausbreitung von Pilzkrankheiten vor
- Stärkt bei Zwiebel- und Knollenblumen die unterirdischen Speicherorgane
- Sieht einfach schöner aus.

WO
LÄSST MAN VERBLÜHTES STEHEN?

- Bei fast allen Ziersträuchern und -bäumen
- Bei Zwerg- und Halbsträuchern wie Heiden, Lavendel und Salbei (Rückschnitt im Frühjahr)
- Bei Pflanzen mit zierenden Früchten oder Samenständen, z. B. Astilben, Fetthenne, Küchenschelle, Rudbeckien, Ziergräser
- Bei Pflanzen, die sich durch Versamen selbst ausbreiten sollen

Sommerschnitt bei Rosen

- Schneiden Sie bei allen öfterblühenden Rosen regelmäßig die verwelkten Blüten bzw. Blütenstände aus mitsamt den darunter stehenden Blättern – bis knapp über dem ersten voll ausgebildeten Laubblatt mit fünf Teilblättchen.
- Einmalblühende Strauch- und Wildrosen nicht schneiden; sie bilden Hagebutten.

Andere Blütensträucher

- Beim Flieder lohnt es sich, abgeblühte Rispen regelmäßig herauszuschneiden.
- Welke Blütenstände der Rhododendren kann man nach der Blüte vorsichtig ausbrechen, um die darunter sitzenden Knospen für das nächste Jahr sowie die Verzweigung zu fördern.

KOSMOS
SOFORTHELFER
Kleine Blüten lassen sich teils einfach mit den Fingernägeln abkneifen, vor allem bei Sommerblumen. Verwenden Sie jedoch für größere Blüten und Blütenstände besser die Gartenschere oder ein scharfes Messer. Von Rosen sowie von Pelargonien (Geranien) und anderen Balkonblumen werden „selbstreinigende" Sorten angeboten, die das Ausputzen erübrigen.

Blumen & Stauden

- Meist entfernt man nur die welken Blüten bzw. Blütenstände.
- Bei Schafgarben, Margeriten, Taglilien und Prachtscharten besser die abgeblühten Stängel ganz wegschneiden.
- Bei Tulpen und Kaiserkronen verblühte Stiele bis zur Hälfte zurückschneiden.

Verblühtes ausschneiden

- Bei Dahlien schneidet man die verwelkten Blüten samt Stiel direkt an der Gabelung weg.
- Ansonsten ist es meist besser, rund 1 cm über der nächsten Verzweigung bzw. dem nächsten Blattansatz zu schneiden. Denn häufig treiben die neuen Knospen aus den Achseln der Blattstiele oder Seitentriebe und sollten keinesfalls verletzt oder gar weggeschnitten werden.

ZIERSTRÄUCHER SCHNEIDEN

WELCHE STRÄUCHER
WERDEN NACH DER BLÜTE AUSGELICHTET?

- Blutjohannisbeere *(Ribes sanguineus)*
- Flieder *(Syringa)*
- Forsythie *(Forsythia)*
- Frühjahrsblühende Spiersträucher wie die Brautspiere *(Spiraea × arguta)*

WELCHE STRÄUCHER
NACH DER BLÜTE STARK EINKÜRZEN?

- Besenginster *(Cytisus scoparius):* abgeblühte Triebe um zwei Drittel einkürzen
- Hänge-Kätzchenweide *(Salix caprea* 'Pendula'): auf 20–30 cm; auch Schnitt auf kurze Zapfen möglich
- Mandelbäumchen *(Prunus triloba):* alle Triebe auf 10–20 cm

Forsythie auslichten

- Lichten Sie die Sträucher alle zwei bis drei Jahre aus, indem Sie einige der ältesten Triebe knapp über dem Boden entfernen oder auf jüngere Seitentriebe zurückschneiden.
- Entfernen Sie auch schwächere Neutriebe an der Basis, wenn das Strauchinnere schon recht dicht ist.

Zweige zurückschneiden

- Schneiden Sie nach innen wachsende Zweige weg und kürzen Sie abgeblühte Zweigpartien im äußeren Bereich ebenso um etwa ein Drittel ein.
- Lange, überhängende Triebe schneiden Sie am besten auf einen günstig stehenden Seitenzweig in der Nähe des Scheitelpunkts zurück.

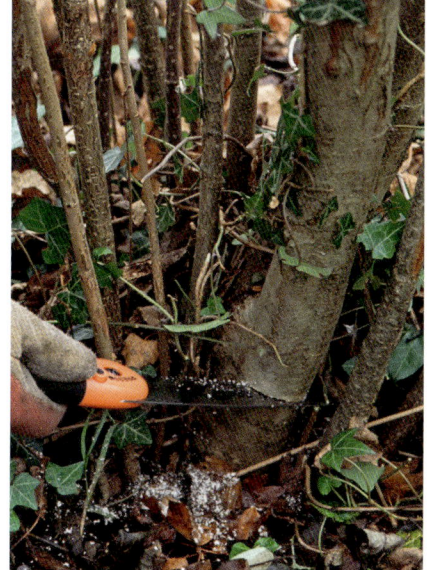

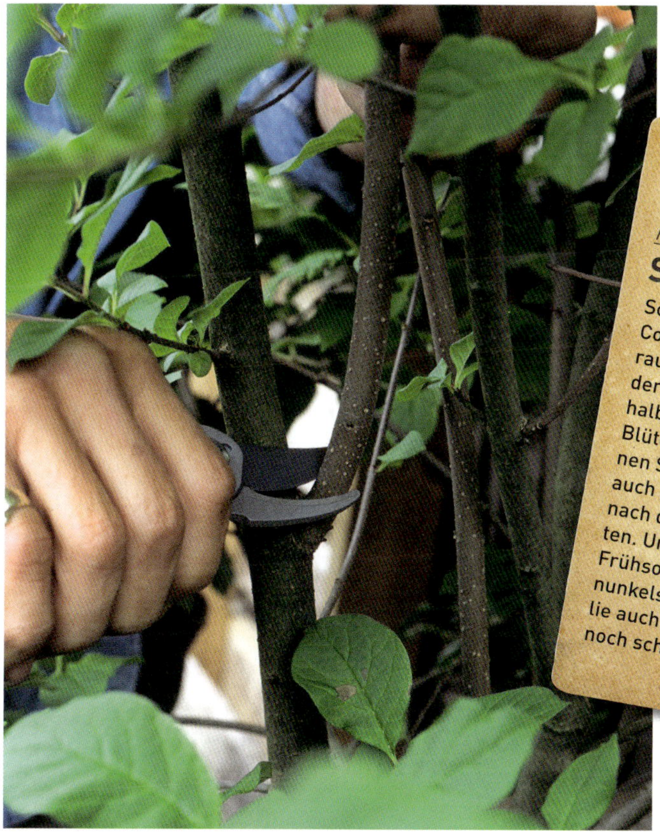

KOSMOS
SOFORTHELFER

Schneidet man Forsythie & Co. schon im Vorfrühling, beraubt man sich eines Teils der Blütenzweige – deshalb besser erst nach der Blüte. Grundsätzlich können Sie diese Sträucher aber auch schon vor oder kurz nach dem Austrieb auslichten. Umgekehrt lassen sich Frühsommerblüher wie Ranunkelstrauch und Weigelie auch nach dem Verblühen noch schneiden.

An der Basis ausdünnen

- Blutjohannisbeere und Forsythie gehören zu den Sträuchern, die immer wieder Neutriebe nah am Boden bilden.
- Hier können Sie gelegentlich auch einen größeren Teil der Alttriebe unten heraussägen, wenn die Sträucher innen kahl werden. Meist reichen dann auch ein paar wenige, kräftige Neutriebe als Ersatz.

Flieder schneiden

- Ein Rückschnitt wird nur in den ersten Jahren nötig, um die Verzweigung zu fördern. Kürzen Sie dazu die Haupttriebe um etwa ein Drittel ein.
- Später genügt gelegentliches Auslichten an der Basis; bei baumartiger Erziehung das Entfernen störender Zweige sowie unerwünschter Stammaustriebe und Bodenschösslinge.

DIE
25
SCHNELLSTEN
ANTWORTEN

HOCH- & SPÄTSOMMER

DIE SOMMERLINDE, EINER UNSERER SCHÖNSTEN LAUBBÄUME, KENNZEICHNET MIT IHREN GELBLICH WEISSEN, INTENSIV DUFTENDEN BLÜTENBÜSCHELN DEN BEGINN DES HOCHSOMMERS, IM DURCHSCHNITT UM DEN 19. JUNI. RUND FÜNF BIS SECHS WOCHEN SPÄTER WIRD ER SCHON VOM SPÄTSOMMER ABGELÖST: DANN REIFEN DIE FRÜHEN APFELSORTEN UND DIE EBERESCHENBEEREN.

HUNDSTAGE ODER DAUERREGEN?

Auch der Eintritt des Hoch- und Spätsommers kann um einige Wochen variieren. Doch die regionalen Unterschiede sind längst nicht mehr so ausgeprägt wie im Frühling. Bald nach Hochsommerbeginn pendelt sich oft eine recht stabile Großwetterlage ein. Entweder bleibt es dann über Wochen sonnig und warm – oder es wird längere Zeit unangenehm feucht. Aber wenn sich dadurch die Regentonnen füllen, hat das auch seine Vorteile. Denn spätestens an den heißen „Hundstagen", die sich häufig beim Übergang zum Spätsommer einstellen, ist man für jeden gesammelten Wasservorrat dankbar.

GIESSEN & ERNTEN

Gießen wird im Sommer oft zur Hauptbeschäftigung. Natürlich fallen auch sonst noch einige Arbeiten und Pflegemaßnahmen an, aber vieles beschränkt sich auf kleinere Handgriffe. Der Rasen wächst nicht mehr ganz so stark, die große Saat- und Pflanzzeit ist vorbei, und zur wichtigsten Terminsache wird nun die Ernte – besonders, wenn man einige Obststräucher und -bäume gepflanzt hat.

ENTSPANNEN & BETRACHTEN

So bleibt oft noch genug Zeit, das „grüne Wohnzimmer" zu genießen, etwa an einem lauschigen Sitzplatz im Schatten oder abends auf der Terrasse. Wenn man dann ganz entspannt den Garten betrachtet, bekommt man oft die besten Einfälle, wo sich noch etwas verschönern und verbessern lässt.

WORAUF MUSS ICH ACHTEN?

ALLGEMEINES

- ☑ Den Rasen regelmäßig mähen; bei Hitze und Trockenheit das Gras etwas länger stehen lassen, des Öfteren beregnen

- ☑ Blumenwiese mähen

- ☑ In Beeten und Pflanzflächen regelmäßig gießen, jäten und hacken

- ☑ Zwischen Beetreihen, Stauden und Sträuchern mulchen (z. B. mit Rasenschnitt)

- ☑ Gewächshaus regelmäßig lüften

- ☑ Im Teich, wenn nötig, frisches Wasser auffüllen (mit schwachem Druck zulaufen lassen)

- ☑ Algen im Teich regelmäßig abfischen; bei anhaltender Algenbildung Ursachen (meist Nährstoffüberschuss und Sauerstoffmangel) beseitigen

- ☑ Stark wuchernde Schwimmblattpflanzen auslichten

BLUMEN & STAUDEN

- ☑ Letzte zweijährige Sommerblumen wie Tausendschön, Goldlack und Stiefmütterchen vorziehen; Saaten gleichmäßig feucht halten

- ☑ Bei Sommerblumen, Prachtstauden und Dahlien regelmäßig Verblühtes entfernen

- ☑ Sommerblumen, v. a. in Balkonkästen, etwa alle zwei bis drei Wochen düngen

- ☑ Verblühten Rittersporn kräftig zurückschneiden und düngen, um eine zweite Blüte zu genießen; das fördert auch bei Ziersalbei, Katzenminze und Wiesenstorchschnabel die Nachblüte

- ☑ Hohe Stauden, Sommer-, Zwiebel- und Knollenblumen stützen

ZIERGEHÖLZE & ROSEN

- ☑ Bei öfterblühenden Rosen regelmäßig die verwelkten Blüten herausschneiden

- ☑ Gehölzen und Kübelpflanzen spätestens zum Hochsommerende den letzten stickstoffhaltigen Dünger geben

- ☑ Kugel- und Pyramidenbäumchen wie Buchs und Liguster nochmals in Form stutzen

- ☑ Bei anhaltender Trockenheit des Öfteren gründlich gießen

GEMÜSE, KRÄUTER, ERDBEEREN

- ☑ Schnellwüchsige Gemüse wie Salate und Radieschen alle paar Wochen nachsäen; auf geeignete Sommersorten achten

- ☑ Nun bald die letzten Möhren säen; letzten Rosenkohl, Grünkohl und späten Kopfkohl pflanzen

- ☑ Herbst- und Wintergemüse wie Endivie, Radicchio, Chinakohl vorziehen, ins Beet säen oder Jungpflanzen setzen

- ☑ Saaten und Jungpflanzen gleichmäßig feucht halten

☑ Kartoffeln, Kohl, Lauch, Tomaten, Gurken, Erbsen und Bohnen anhäufeln

☑ Bei Stabtomaten regelmäßig die Geiztriebe in den Blattachseln ausbrechen

☑ Gemüsebeete regelmäßig gießen, lockern, jäten; wenn nötig, nachdüngen

☑ Erdbeeren bei Trockenheit gießen; am besten mulchen

☑ Neue Erdbeeren pflanzen

☑ Ernten und genießen, z. B. erste Tomaten, Zucchini, Bohnen und Rote Bete

☑ Am Johannistag (24. Juni) den letzten Rhabarber und Spargel ernten

☑ Kräuter zum Konservieren ernten; die meisten am besten kurz vor der Blüte oder zum Blühbeginn

OBSTBÄUME & BEERENSTRÄUCHER

☑ Blühende und fruchtende Obstgehölze bei Trockenheit gründlich gießen

☑ Unter Obstbäumen den Boden mulchen

☑ Gegen Ende Juni, nach dem natürlichen Fruchtfall, dichten Fruchtbehang bei Apfel, Birne, Pfirsich und Pflaume ausdünnen

☑ An Säulenkirschen und anderem Säulenobst überlange Seitentriebe einkürzen

☑ Kräftige Geiztriebe an Brombeeren auf zwei bis drei Knospen zurückschneiden

☑ Beim Beeren- und Steinobst häufig „naschen" und die Fruchtreife überprüfen; regelmäßig durchpflücken

KOSMOS
SOFORTHELFER

Obstbäume setzen teils reichlich junge Früchte „auf Vorrat" an, stoßen dann aber gegen Ende Juni einen Teil davon ab, weil sie nicht alle versorgen können. Oft ist es ratsam, danach dicht behangene Zweige noch stärker auszudünnen, sodass z. B. nur zwei bis drei Äpfel je Fruchtstand übrig bleiben. So werden die Früchte größer und reifen besser aus.

GIESSEN, HACKEN, MULCHEN

WIE
GIESSE ICH AM BESTEN?

- Besser nur alle paar Tage, dann aber gründlich, als häufige kleine Wassergaben
- Morgens oder am frühen Abend, nicht in der prallen Mittagssonne
- Vorzugsweise mit Regenwasser
- Direkt in den Wurzelbereich
- Größere Gießmengen zwischendurch einsickern lassen

WIE VIEL
SOLL ICH GIESSEN?

- Gemüse- und Blumenbeete: 10–20 l/m²
- Saaten und Jungpflanzen: 5–15 l/m²
- Trockenheitsverträgliche Kräuter und Stauden, Zwiebelblumen: 5–10 l/m² (nur bei längerer Trockenheit)
- Sträucher: 10–30 l/m²
- Bäume und Großsträucher: bis 50 l/m²

Gezielt gießen

- Gießen Sie ohne Brauseaufsatz direkt in den Wurzelbereich. Dann kommt das Wasser auf dem schnellsten Weg dahin, wo es gebraucht wird.
- Zugleich vermeiden Sie das Benässen von Blättern und Blüten. Dies beugt Pilzkrankheiten vor, das Gießen am Morgen lockt zudem weniger Schnecken an.

Rasen beregnen

- Auch hier gilt: besser ein- bis zweimal pro Woche gründlich wässern, statt täglich ein paar Tröpfchen; dies vorzugsweise morgens oder frühabends.
- Der Boden sollte jedes Mal bis etwa 15 cm Tiefe gut durchfeuchtet werden. Dazu bedarf es je nach Bodenart rund 15–20 l/m².

KOSMOS

SOFORTHELFER

Zum Mulchen eignen sich Rasenschnitt, Blattabfälle von Gemüse und Blumen, abgemähte Gründüngungspflanzen, Laub und Stroh. Gute, im Handel erhältliche Materialien sind Rindenhumus, Kakaoschalen und Miscanthus-Mulch (Chinaschilf). Rindenmulch sollte nur für gut eingewachsene, robuste Pflanzen verwendet werden, ebenso Gehölzhäcksel und halbreifer Kompost.

Den Boden lockern

- Das Bearbeiten freier Flächen mit Grubber oder Hacke hilft nicht nur gegen Unkräuter: Damit unterbrechen Sie auch feine Verdunstungskanäle im Boden; so bleibt die Feuchte länger erhalten.
- Außerdem nimmt eine gut gelockerte, krümelige Bodenoberfläche das Regen- und Gießwasser optimal auf.

Mulchen

- Das Bedecken offener Flächen mit organischen Mulchmaterialien erspart das Hacken. Die Mulchdecke reduziert die Verdunstung, unterdrückt Unkräuter und wandelt sich beim Zersetzen in Humus um.
- Mulchen Sie Gemüse und Blumen erst, wenn die größte Schneckengefahr vorüber ist. Je nach Mulchmaterial kann die Decke 2–6 cm hoch ausgebracht werden.

STAUDEN STÜTZEN & SCHNEIDEN

WELCHE STAUDEN

NACH DER BLÜTE ZURÜCK-SCHNEIDEN?

- Frauenmantel *(Alchemilla)*
- Knäuelglockenblume *(Campanula)*
- Goldfelberich *(Lysimachia punctata)*
- Indianernessel *(Monarda)*
- Türkischer Mohn *(Papaver orientale)*

BEI WELCHEN STAUDEN

FÖRDERT RÜCKSCHNITT EINE NACHBLÜTE?

- Schafgarbe *(Achillea)*
- Kaukasusvergissmeinnicht *(Brunnera)*
- Bergflockenblume *(Centaurea montana)*
- Rittersporn *(Delphinium)*
- Kugeldistel *(Echinops)*
- Feinstrahlaster *(Erigeron)*
- Nelkenwurz *(Geum)*
- Storchschnabel *(Geranium)*
- Katzenminze *(Nepeta)*
- Steppensalbei *(Salvia nemorosa)*

Praktische Halterungen

- Hohe Stauden brauchen oft eine Stütze, besonders an windigen Plätzen.
- Praktisch sind Staudenringe, die sich an einem Stützstab befestigen und im Durchmesser verstellen lassen.
- Große Stützringe eignen sich auch für breite Horste, die zum Auseinanderfallen neigen, z. B. bei Phlox oder Astern.

Mit Stäben stützen

- Einzelne Stängel mit schweren Blüten oder Blütenständen können Sie mit Stützstäben aus Holz, Bambus oder Metall stabilisieren.
- Binden Sie die Pflanzen am besten mit lockeren Achterschleifen an, indem Sie die Schnur zwischen Stängel und Stütze überkreuz legen.

KOSMOS

SOFORTHELFER

Mit dem Rückschnitt gleich nach der Blüte können Sie auch Pilzkrankheiten wie Mehltau und Rost vorbeugen. Außerdem lässt sich so unerwünschte Selbstaussaat verhindern.
Die Stauden, die im selben Jahr nochmals blühen, werden dann im Spätherbst oder nächsten Frühjahr erneut knapp über dem Boden zurückgeschnitten, nachdem die Stängel verwelkt sind.

Rückschnitt für den zweiten Flor

- Rittersporn, Steppensalbei und einige weitere Stauden bringen einen ansehnlichen Nachflor, wenn man sie nach der ersten Blüte kräftig zurückschneidet.
- Schneiden Sie die abgeblühten Stängel rund 10 cm über dem Boden weg. Eine Düngung und ausreichendes Gießen fördern den Neuaustrieb.

Gesunder Neuaustrieb

- Bei Türkischem Mohn, Frauenmantel und manch anderen Arten empfiehlt sich ein ebenso kräftiger Rückschnitt gleich nach der Blüte, um gesunden, dichten Neuaustrieb zu fördern.
- Verschonen Sie dabei bereits vorhandene Jungtriebe.
- Diese Stauden bringen keine Zweitblüte, bleiben aber durch den Rückschnitt sehr vital.

OBSTGEHÖLZE SCHNEIDEN

WELCHE OBSTARTEN

WERDEN GLEICH NACH DER ERNTE AUSGELICHTET?

- Rote und Schwarze Johannisbeere
- Stachelbeere
- Jostabeere
- Himbeere
- Süßkirsche
- Sauerkirsche
- Pfirsich (Fruchtholzschnitt erst im Frühjahr)
- Günstig auch bei Pflaume und Aprikose

WELCHE MASSNAHMEN

FALLEN NOCH AN?

- Säulenbäume: überlange Seitentriebe einkürzen
- Brombeeren: kräftige Seitentriebe zurückschneiden
- Großfrüchtige Kiwi und Weinrebe: lange Fruchttriebe auf rund acht Blätter über der letzten Frucht bzw. Traube einkürzen

Johannis- & Stachelbeersträucher

- Bei Junggehölzen jedes Jahr drei bis vier der kräftigsten Basis-Neutriebe stehenlassen, bis die Sträucher acht bis zwölf Haupttriebe haben. Schwache Neutriebe ganz unten wegschneiden.
- Danach jährlich zwei bis vier der ältesten Haupttriebe unten herausschneiden und durch Neutriebe ersetzen.

Himbeeren auslichten

- Die abgeernteten, vorjährigen Triebe (Ruten) am Boden wegschneiden (bei Herbsthimbeeren erst im Spätjahr).
- Die diesjährigen Jungruten am Drahtspalier aufbinden.
- Etwa zehn Jungruten pro Meter reichen. Überzählige, schwächere Ruten unten herausschneiden.

KOSMOS
SOFORTHELFER

Grundsätzlich können Sie alle Obstbäume auch im Sommer bzw. Frühherbst schneiden, inklusive Apfel und Birne. Das empfiehlt sich besonders für starkwüchsige Bäume, da der Sommerschnitt das Wachstum bremst. Außerdem verheilen die Schnittstellen schneller als im Spätwinter und Vorfrühling, was bei Steinobstbäumen dem „Gummifluss" an den Wunden vorbeugt.

Brombeertriebe einkürzen

- Die diesjährigen Jungruten, die im nächsten Jahr Früchte tragen, bilden jetzt oft schon lange Seitentriebe (Geiztriebe). Diese ab Ende Hochsommer/Anfang Spätsommer auf zwei Knospen einkürzen.
- Die bis zum Herbst abgeernteten Altruten erst im Frühjahr unten wegschneiden.

Säulenbäume schneiden

- Säulenäpfel bilden meist nur kurze Seitenzweige und müssen kaum geschnitten werden.
- Bei anderem Säulenobst wachsen öfter längere Triebe aus dem Stamm. Kürzen Sie diese im Sommer auf 10–15 cm ein, und schneiden Sie ungünstig stehende Seitentriebe ganz weg.
- Entfernen Sie außerdem steile Triebe im oberen Bereich, die mit der Stammspitze konkurrieren.

WORAUF MUSS ICH ACHTEN?

ALLGEMEINES

- ☑ Den Rasen regelmäßig mähen; bei Hitze und Trockenheit etwas länger stehen lassen, des Öfteren beregnen

- ☑ In Beeten und Pflanzflächen regelmäßig gießen, jäten und hacken

- ☑ Mulchschichten auf Beeten und unter Stauden und Gehölzen, wenn nötig, erneuern

- ☑ Gewächshaus regelmäßig lüften

- ☑ Neuen Kompost aufsetzen

BLUMEN & STAUDEN

- ☑ Zweijährige Sommerblumen wie Tausendschön, Goldlack und Stiefmütterchen auspflanzen; ausreichend feucht halten

- ☑ Bei Sommerblumen, Prachtstauden und Dahlien regelmäßig Verblühtes entfernen

- ☑ Sommerblumen, v. a. in Balkonkästen, etwa alle zwei bis drei Wochen düngen

- ☑ Samenstände bei Stauden wegschneiden, wo keine Selbstaussaat gewünscht ist

- ☑ Hohe Stauden, Sommer-, Zwiebel- und Knollenblumen stützen

- ☑ Gegen Ende des Spätsommers erste Zwiebeln und Knollen pflanzen, z. B. Herbstkrokusse, Herbstzeitlose, Kaiserkrone, Madonnenlilie und Narzissen

ZIERGEHÖLZE & ROSEN

- ☑ Bei öfterblühenden Rosen regelmäßig die verwelkten Blüten herausschneiden

- ☑ Wildtriebe, die bei Rosen, Flieder und anderen veredelten Sträuchern aus der Unterlage wachsen, regelmäßig entfernen

- ☑ Gegen Spätsommerende Hecken in Form schneiden, wenn keine Vögel mehr darin brüten

- ☑ Bei anhaltender Trockenheit des Öfteren gründlich gießen

GEMÜSE, KRÄUTER, ERDBEEREN

- ☑ Nun bald den letzten Chinakohl, Kohlrabi, Winterlauch, Endivie und Salate pflanzen

- ☑ Letzte Radieschen, Salate und Kräuter wie Rucola, Dill und Kerbel säen

- ☑ Saatzeitbeginn für Feldsalat, Herbstspinat und Winterzwiebeln

- ☑ Auf geeignete Herbst- bzw. Spätsorten achten

☑ Neue Erdbeeren pflanzen

☑ Saaten und Jungpflanzen gleichmäßig feucht halten

☑ Gemüsebeete regelmäßig gießen, lockern, jäten

☑ Auf früh abgeernteten Beeten Gründüngung einsäen

☑ Erdbeeren bei Trockenheit gießen (auch wenn sie schon abgeerntet sind; das fördert die Blütenanlagen fürs nächste Jahr); nach der Ernte alte Blätter und Ausläufer entfernen

☑ Tomaten mit Foliendach schützen, falls Dauerregen die Ausbreitung von Krankheiten fördert

☑ Bei Stabtomaten regelmäßig die Geiztriebe in den Blattachseln ausbrechen; nach Entwicklung von fünf bis sechs Blütenständen die Spitze kappen

☑ Bei Hitze und Trockenheit lieber etwas früher ernten, v. a. Salate, Kohlrabi, Radieschen und Rettiche

OBSTBÄUME & BEERENSTRÄUCHER

☑ Fruchttragende Obstgehölze bei Trockenheit gründlich gießen

☑ Mulchschichten unter Obstbäumen, wenn nötig, erneuern

☑ Das meiste Stein- und Beerenobst am besten gleich nach der Ernte schneiden, z. B. Kirschen, Johannis- und Stachelbeeren

☑ Bei Apfel und Birne gute Zeit für einen Sommerschnitt, der starkes Wachstum bremst

☑ Ernten und genießen: letzte Kirschen, frühe Äpfel, Birnen, Pflaumen und Pfirsische, Beerenobst, erste Haselnüsse

KOSMOS

SOFORTHELFER

Der Wechsel zwischen warmen Spätsommertagen und zunehmend kühleren Nächten fördert das Auftreten von Echtem Mehltau. So sieht man nun recht häufig die typischen grauweißen Beläge z. B. auf den Blättern von Rosen, Phlox oder Zucchini. Gießen Sie möglichst nur vormittags, und entfernen Sie gründlich erkrankte, abgefallene Blätter und Pflanzenreste.

TOMATEN PFLEGEN

WAS
GARANTIERT EINE REICHE ERNTE?

- Möglichst viel Sonne und Wärme
- Gleichmäßige Bodenfeuchtigkeit
- Regelmäßige, kalireiche Düngung bis zum Spätsommer (alle zwei bis drei Wochen)
- Frühzeitiges und regelmäßiges Ausgeizen
- Kappen der Spitze nach dem fünften oder sechsten Blütenstand
- Schutz der Früchte vor Nässe

WIE
ERKENNE ICH KRAUT- UND BRAUNFÄULE?

- Zuerst an graugrünen, schwarzbraun werdenden Blattflecken; bei feuchtem Wetter unterseits mit weißgrauem Belag
- Dann auch dunkelbraune Flecken an Stängeln und Stielen
- An Früchten graugrüne bis braune, runzelige Stellen mit verhärtetem Fruchtfleisch

Schützendes Tomatenhaus

- Solch ein einfaches, gut belüftetes Folienhaus schützt die Pflanzen nicht nur vor kühlen Spätsommernächten, sondern vor allem auch vor Nässe.
- Das ist eine der besten Vorbeugungsmaßnahmen gegen die Kraut- und Braunfäule, die oft die Spätsommerernte verdirbt.

Boden feucht halten

- Ideal ist es, wenn die Blätter und Früchte trocken bleiben. Halten Sie aber den Boden stets leicht feucht, sonst droht das Aufplatzen der Früchte.
- Mulchen ist vorteilhaft; andernfalls den Boden häufig lockern.
- Entfernen Sie frühzeitig gelbbraune, welke und krankheitsverdächtige Blätter.

KOSMOS

SOFORTHELFER

Die Kraut- und Braunfäule, eine Pilzkrankheit, kann sich bei feucht-warmem Wetter rasch ausbreiten. Pflanzenschutzmittel helfen nur, wenn sie gleich nach Auftreten der ersten graugrünen, später dunkelbraunen Blattflecken eingesetzt werden. Neben einem Tomatenhaus empfiehlt sich vorbeugend der jährliche Wechsel des Pflanzplatzes.

Ausgeizen

- Die Geiztriebe, die aus den Blattachseln wachsen, sollten regelmäßig ausgebrochen oder weggeschnitten werden. Andernfalls bilden sich viele Seitentriebe auf Kosten der Fruchtentwicklung.
- Dies gilt nur für hohe Stabtomaten; bei kompakten Buschtomaten ist das Ausgeizen nicht nötig.

Die Reife fördern

- Stabtomaten können fünf bis sechs Fruchtstände ausreichend versorgen. Nachdem diese gut entwickelt sind, schneidet man am besten die Spitze des Haupttriebs weg oder bricht alle weiteren Blütenstände aus.
- Grün geerntete Tomaten können drinnen an einem warmen, dunklen Platz nachreifen. Vorsicht, grüne Früchte enthalten giftige Alkaloide!

ERDBEEREN PFLANZEN & PFLEGEN

WELCHE
ERDBEERSORTEN GIBT ES?

- Einmal tragende Gartenerdbeeren: große Früchte; reiche Ernte im Früh- bis Hochsommer
- Mehrmals tragende Gartenerdbeeren: große Früchte; mäßige Ernte im Sommer, zweite Ernte im Spätsommer/Herbst
- Wiesenerdbeeren: mittelgroße Früchte, Früh- bis Hochsommer
- Walderdbeeren: kleine, aromatische Früchte, Früh- bis Hochsommer
- Monatserdbeeren: kleine, aromatische Früchte, Frühsommer bis Herbst

WAS
BRAUCHEN ERDBEEREN?

- Viel Sonne (v. a. die Gartenerdbeeren)
- Humus- und nährstoffreichen, schwach sauren Boden
- Gleichmäßige Feuchtigkeit

Gartenerdbeeren pflanzen

- Setzen Sie die Erdbeeren am besten in Reihen mit 40–50 cm Abstand, mit 25–30 cm Abstand zwischen den Pflanzen.
- Pflanzen Sie nicht zu tief: Die inneren Herzknospen an der Basis müssen über die Bodenoberfläche kommen und dürfen nicht mit Erde bedeckt werden.

Wald- und Wiesenerdbeeren pflanzen

- Wald- und Wiesenerdbeeren sind gute Bodendecker, auch im Halbschatten.
- Sie können enger gesetzt werden, mit bis zu sechs Pflanzen pro Quadratmeter. Auch hier nicht zu tief pflanzen.
- Wald- und Monatserdbeeren pflanzt man besser im Erstfrühling; Wiesenerdbeeren können auch jetzt gepflanzt werden.

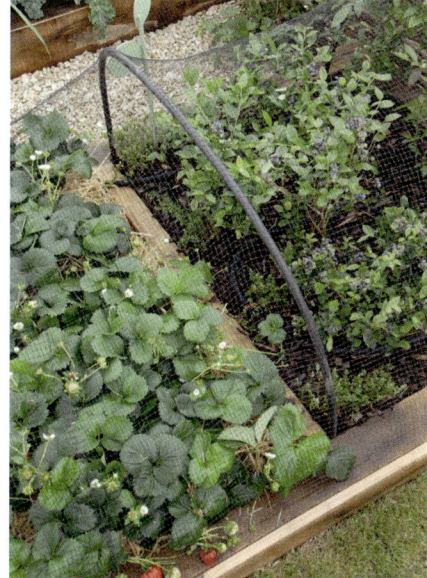

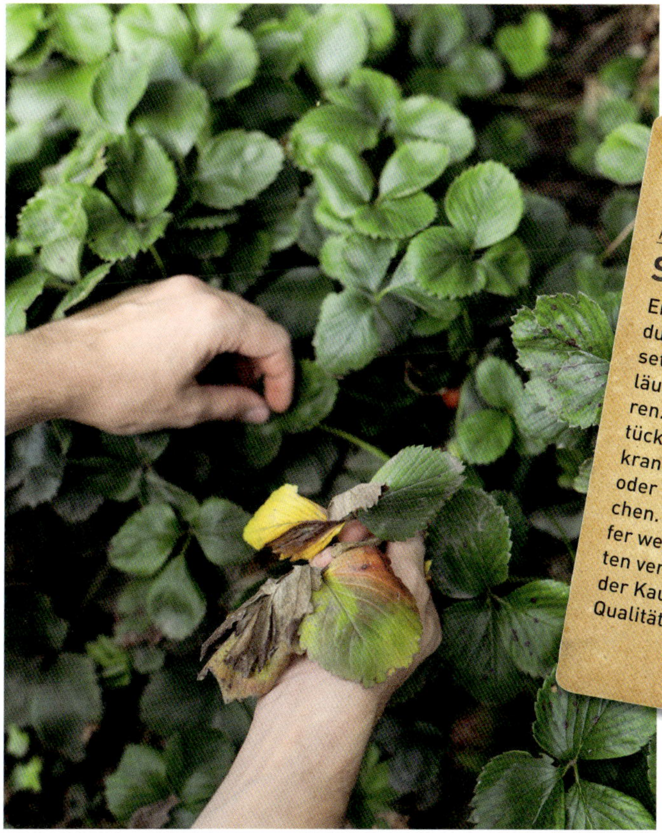

KOSMOS
SOFORTHELFER
Erdbeeren lassen sich leicht durch Abtrennen und Einsetzen bewurzelter Ausläuferpflänzchen vermehren. Allerdings gibt es einige tückische Pilz- und Viruskrankheiten, die z. B. Welke oder Wurzelfäulen verursachen. Über befallene Ausläufer werden sie dann im Garten verbreitet. Sicherer ist der Kauf von neuer, gesunder Qualitäts-Pflanzware.

Alte Pflanzen ersetzen

- Bei Gartenerdbeeren nimmt der Ertrag mit der Zeit ab (und oft auch die Krankheitsanfälligkeit zu). Spätestens nach vier Jahren sollte man neue Pflanzen setzen und dafür einen anderen Platz wählen.
- Bei Wiesen- und Walderdbeeren genügt es in der Regel, dichte Bestände etwas auszulichten.

Pflege im Spätsommer

- Gießen Sie Erdbeeren bei Trockenheit regelmäßig, auch wenn die Früchte schon abgeerntet sind. So fördern Sie die Blütenknospen fürs nächste Jahr, die jetzt angelegt werden. Günstig ist auch eine Düngung mit Hornmehl (30–40 g/m²).
- Schneiden Sie bei Gartenerdbeeren nach der Ernte das alte Laub zurück, und entfernen Sie nicht benötigte Ausläufer.

HECKEN SCHNEIDEN

WANN
WIRD GESCHNITTEN?

- Sommergrüne Hecken: gegen Ende Juli; zweiter Formschnitt, falls nötig, im Vorfrühling
- Immergrüne Hecken: August/Anfang September
- Kräftiger Rückschnitt, falls einmal nötig: im Spätwinter/zeitigen Vorfrühling, notfalls Spätherbst

WIE
STARK SOLL ICH SCHNEIDEN?

- Neuaustrieb um höchstens drei Viertel einkürzen
- Mindestens 5 cm des belaubten „Mantels" stehen lassen
- Nur bei einem kräftigen Verjüngungsschnitt ins alte Holz schneiden
- Kein starker Rückschnitt bei Nadelgehölzen, mit Ausnahme der Eibe

Nach Vogelnestern suchen

- Prüfen Sie vor dem Schnitt vorsichtig, ob eventuell noch Vögel in der Hecke brüten.
- Singvögel wie Buch- und Grünfink, Singdrossel, Gimpel und Rotkehlchen brüten oft im Sommer ein zweites Mal und nutzen dafür die Hecken bis Juli, teils sogar August.

„Schnittmuster" für Hecken

- Lattengestelle und quer gespannte Richtschnüre oder -drähte erleichtern einen akkuraten Formschnitt.
- Schneiden Sie eine hohe Hecke (ab etwa 1,5 m) im Querschnitt in Trapezform, sodass sie nach oben hin schmaler wird. So erhält auch der untere Bereich genug Licht, um nicht zu verkahlen.

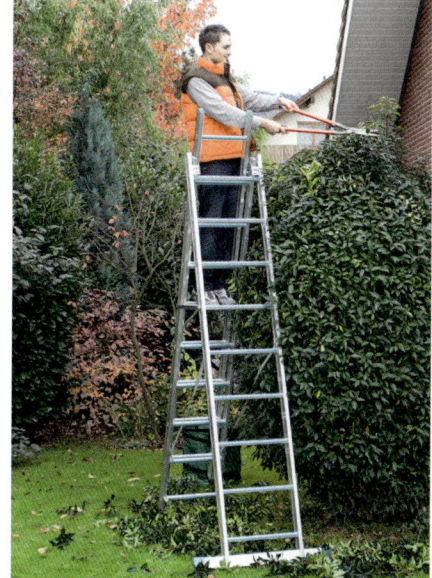

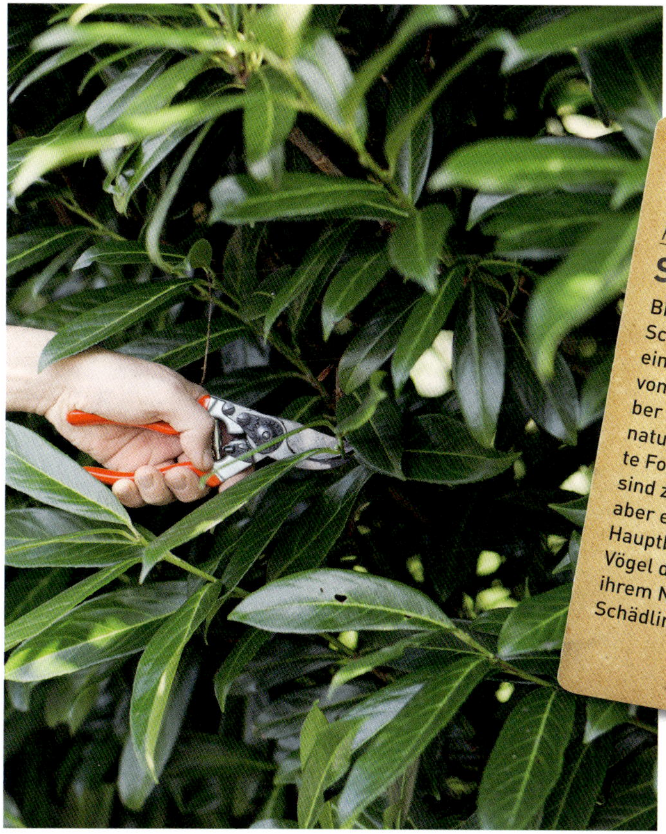

KOSMOS
SOFORTHELFER

Bitte beachten Sie: Zum Schutz brütender Vögel ist ein starker Heckenschnitt vom 1. März bis 30. September verboten (nach Bundesnaturschutzgesetz). Leichte Form- und Pflegeschnitte sind zwar zulässig, sollten aber ebenfalls außerhalb der Hauptbrutzeit erfolgen. Die Vögel danken dies, indem sie ihrem Nachwuchs reichlich Schädlinge verfüttern.

Sicher arbeiten

- Leitern müssen unbedingt stabil aufgestellt werden und so hoch sein, dass alles im sicherem Stand bequem erreichbar ist.
- Tragen Sie besonders beim Schnitt mit einer Elektro-Heckenschere kräftige Gartenhandschuhe und feste Kleidung. Elektro-Heckenscheren stets mit beiden Händen führen.

Großblättrige Hecken schneiden

- Heckengehölze mit großen Blättern, wie Lorbeerkirsche oder Stechpalme, vertragen das „Rasieren" mit der Elektro-Heckenschere schlecht und sehen dann auch hässlich zerrupft aus.
- Schneiden Sie hier besser die Triebe gezielt und nicht allzu streng mit einer Hand-Heckenschere, Garten- oder Astschere.

FRÜHHERBST

MEIST ZWISCHEN MITTE AUGUST UND ANFANG SEPTEMBER VERFÄRBEN SICH DIE HOLUNDERBEEREN GLÄNZEND SCHWARZ UND GEBEN DAS SIGNAL FÜR DEN ALLMÄHLICHEN HERBSTEINZUG. DIE HERBSTZEITLOSEN ÖFFNEN IHRE SCHÖNEN BLÜTEN, UND RAUCHSCHWALBEN, WILDGÄNSE UND STÖRCHE MACHEN SICH AUF DEN WEG GEN SÜDEN. ZUM VOLLHERBST HIN REIFEN DANN DIE STACHELFRÜCHTE DER ROSSKASTANIEN.

FREUNDLICHER HERBSTEINSTIEG

Mit all diesen Herbstvorboten kann sich schon etwas Wehmut breitmachen, zumal die Tage deutlich kürzer und die Nächte kühler werden. Doch oft verwöhnt uns der Frühherbst noch einmal mit einem sonnigen „Altweibersommer". Und der Garten hat jetzt so viel zu bieten, dass weder Langeweile noch Herbsttristesse aufkommen muss.

KÖSTLICHER FRUCHTSEGEN

Nachdem der Sommer vor allem leckere Beeren, Kirschen und anderes Steinobst geliefert hat, beginnt nun die große Zeit der Äpfel, Birnen und Pflaumen. Zudem füllen Brombeeren, Herbsthimbeeren und Haselnüsse die Erntekörbe. Wer eine früh reifende Weinrebensorte gepflanzt hat, kann sich auch schon mit Tafeltrauben den Abschied vom Sommer versüßen.

PRÄCHTIGE SPÄTBLÜHER

Auch dem Sommerflor muss man nicht nachtrauern, wenn man rechtzeitig an Herbstschönheiten gedacht hat. Dahlien, Herbstastern, Herbstchrysanthemen, Herbstanemonen, Sonnenhut, Fetthenne und andere Spätblüher laufen nun zu voller Form auf und blühen teils bis in den Spätherbst hinein. Auch Einjährige wie Sonnenblume, Studentenblume und Stockrose leuchten noch lang im herbstlichen Garten – nicht zu vergessen die öfterblühenden Rosen und schmucke Zwergsträucher wie Bartblume und Besenheide.

CHECKLISTE

WORAUF MUSS ICH ACHTEN?

ALLGEMEINES

☑ Den Rasen regelmäßig mähen

☑ Zum Vermoosen neigenden Rasen nochmals vertikutieren

☑ Gegen Ende des Frühherbstes (wenn die Rosskastanien reifen) gute Zeit für die Neueinsaat von Rasen oder Blumenwiese; die Saaten vier bis sechs Wochen gleichmäßig feucht halten

☑ In Beeten und Pflanzflächen regelmäßig gießen, jäten und hacken

☑ Mulchschichten auf Beeten und unter Stauden und Gehölzen, wenn nötig, erneuern

☑ Gewächshaus regelmäßig lüften

☑ Kompost auf- und umsetzen

BLUMEN & STAUDEN

☑ Zweijährige Sommerblumen wie Tausendschön, Goldlack und Stiefmütterchen auspflanzen; ausreichend feucht halten

☑ Blumenzwiebeln und -knollen pflanzen, z. B. Narzissen, Krokusse, Winterlinge

☑ Gute Zeit für das Pflanzen von Stauden, v. a. von Frühblühern wie Christrose, Schneeheide, Duftveilchen, Bartiris und Pfingstrose

☑ Bei Sommerblumen, Prachtstauden und Dahlien regelmäßig Verblühtes entfernen

☑ Einjährige Sommerblumen, v. a. in Balkonkästen, weiterhin alle zwei bis drei Wochen düngen

☑ Hohe Herbstblüher wie Herbstastern, Chrysanthemen und Dahlien stützen

ZIERGEHÖLZE & ROSEN

☑ Bei öfterblühenden Rosen regelmäßig die verwelkten Blüten herausschneiden

☑ Gute Pflanzzeit für immergrüne Laub- und Nadelgehölze

☑ Bei anhaltender Trockenheit des Öfteren gründlich gießen

GEMÜSE, KRÄUTER, ERDBEEREN

☑ Feldsalat, Spinat, Rucola, Winterportulak und Gartenkresse säen

☑ Letzten Kopf- und Eissalat pflanzen, außerdem Wintersteckzwiebeln, Knoblauch, Bärlauch, Rhabarber und robuste Kräuter wie Pfefferminze

☑ In den ersten Frühherbsttagen die letzten Erdbeeren pflanzen

☑ Auf abgeernteten Beeten Gründüngung einsäen

☑ Saaten und Jungpflanzen gleichmäßig feucht halten

☑ Gemüsebeete regelmäßig gießen, lockern, jäten

☑ Erdbeeren bei Trockenheit regelmäßig gießen, um die neuen Blütenanlagen zu fördern; nach der Ernte alte Blätter und Ausläufer entfernen

☑ Winterlauch, Spät-, Rosen- und Grünkohl anhäufeln

☑ Tomaten mit Foliendach schützen, falls Dauerregen die Ausbreitung von Krankheiten fördert

☑ Bei Stabtomaten regelmäßig die Geiztriebe in den Blattachseln ausbrechen; nach Entwicklung von fünf bis sechs Blütenständen die Spitze kappen

☑ Ernten und genießen, z. B. Tomaten, Paprika, Radicchio, Bohnen, Rote Bete

☑ Speisezwiebeln ernten, wenn die Röhrenblätter vergilben und abknicken

OBSTBÄUME & BEERENSTRÄUCHER

☑ Fruchttragende Obstgehölze bei Trockenheit gründlich gießen

☑ Mulchschichten unter Obstbäumen, wenn nötig, erneuern

☑ Gute Pflanzzeit für Obstgehölze im Container

☑ Gute Schnittzeit für Steinobst- und starkwüchsige Kernobstbäume; ebenso für Walnuss und andere Bäume, die stark „bluten"

☑ Ernten und genießen: Äpfel, Birnen, Pflaumen, letzte Pfirsiche, Brombeeren, Herbsthimbeeren, Haselnüsse

KOSMOS
SOFORTHELFER

Die Wintervorsorge hat noch Zeit, aber Sie können jetzt schon an den nächsten Frühling denken: Gegen Ende des Frühherbsts, ungefähr zur Rosskastanienreife, beginnt die Pflanzzeit der Blumenzwiebeln. Wenn es nicht mehr allzu heiß und trocken ist, aber der Boden noch warm, wachsen nun auch frisch gesetzte Frühlingsstauden sehr gut an.

FRÜHHERBST # OBST ERNTEN

WANN
ERNTE ICH KERNOBST?

- Sommeräpfel und -birnen: Juli/August bis Anfang September; gleich nach Ernte genussreif
- Herbstäpfel und -birnen: September bis Oktober; meist nach kurzer Lagerung genussreif
- Winteräpfel und -birnen: Ende September bis Oktober/November; erst nach längerer Lagerung genussreif; meist lagerfähig bis zum Spätwinter
- Quitten: frühe ab Ende September, späte ab Ende Oktober; volles Aroma nach zwei bis vier Wochen Lagerung

WIE
WIRD KERNOBST GELAGERT?

- Kühl (unter 8 °C), luftfeucht
- Früchte flach und nicht zu dicht ausbreiten, am besten auf Lattenrosten
- Getrennt von Gemüse

Erntehilfen

- Für Äpfel und Birnen ist ein Obstpflücker mit langem Stiel hilfreich. Die Früchte werden mit dem Metallkranz abgetrennt und im Säckchen aufgefangen.
- Leitern zum Abernten hoher Bäume sollten am besten Metallspitzen an den Füßen haben. Damit können sie sicher im Boden verankert werden.

Pflückreife prüfen

- Herbst- und Wintersorten von Äpfeln und Birnen schmecken nicht direkt vom Baum, sondern werden erst nach Lagerung genussreif.
- Pflückreif sind die Früchte, wenn sie die sortentypische Ausfärbung zeigen und sich bei leichtem Drehen oder Auf- und Abkippen einfach vom Zweig lösen.

KOSMOS
SOFORTHELFER

Breiten Sie Wal- und Haselnüsse nach dem Entfernen der Hüllen und Schalenreste an einem warmen Platz flach aus, um sie langsam trocknen zu lassen; währenddessen mehrmals wenden. Werden sie dann in einem trockenen, kühlen Raum aufbewahrt, bleiben sie etwa ein Jahr haltbar. In Netzsäcken verpackt und aufgehängt, lassen sich die Nüsse luftig lagern.

Pflaumen ernten

- Nachdem Pflaumen und Zwetschen gut ausgefärbt sind, brauchen sie noch ein bis zwei Wochen bis zur Reife.
- Geben die Früchte leicht nach, wenn man sie mit den Fingern drückt, sind sie erntereif. Hier hilft – anders als bei späten Äpfeln und Birnen – auch ein Geschmackstest.

Nüsse ernten

- Haselnüsse reifen, wenn die sich die Schalen braun verfärben und hart werden. Sie fallen dann nach Schütteln der Äste leicht vom Strauch.
- Walnüsse lässt man voll ausreifen, bis sie von selbst aus der Hülle fallen.
- Praktisch sind alte Decken oder Folien, die man unter den Sträuchern bzw. Bäumen auslegt. So lassen sich die Nüsse einfach aufsammeln.

KOMPOST AUFSETZEN

WAS
KOMMT AUF DEN KOMPOST?

- Pflanzliche Gartenabfälle, wenn nötig zerkleinert
- Rasenschnitt, am besten leicht angerottet und gut vermischt mit gröberen Abfällen
- Pflanzliche Küchenabfälle
- Kaffee- und Teesatz
- Zitrusfrucht- und Bananenschalen (mit höchstens 10 % Anteil)
- Stallmist
- Holzasche

WAS
GEHÖRT NICHT AUF DEN KOMPOST?

- Kranke Pflanzen und Pflanzenteile
- Samentragende Unkräuter und hartnäckige Wurzelunkräuter
- Verschimmelte Küchenabfälle
- Fleisch- und Fischabfälle, Knochen
- Öle und Fette
- Katzenstreu, Haustierkot
- Grill- und Steinkohlenasche

Kompostplatz anlegen

- Wählen Sie eine leicht beschattete, möglichst gut erreichbare Gartenecke.
- Der Kompost kann einfach in Mieten aufgesetzt werden. Platzsparender sind jedoch Holzboxen mit je nach Füllhöhe auflegbaren Brettern. Am besten mindestens drei: eine zum Sammeln der Abfälle, eine zum Aufsetzen, eine zum Umsetzen.

Kompost aufsetzen

- Zuunterst 20–30 cm hoch grobes Material (Gehölzschnitt o. Ä.) einfüllen.
- Darüber die gut durchmischten Abfälle aufschichten. Alle 20–30 cm eine dünne Schicht Gartenboden oder reifen Kompost ausbringen, dazu etwas Gesteinsmehl oder Algenkalk.
- Zum Schluss mit Erde abdecken.

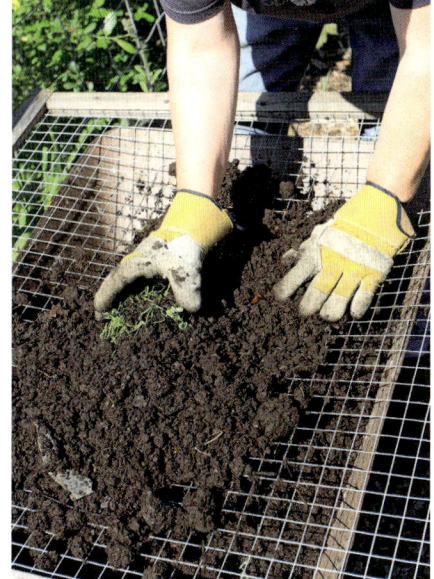

Umsetzen & Kompostreife

- Ist der Haufen deutlich zusammengesackt, wird er umgesetzt, um alles gut zu durchmischen und die Luftzufuhr zu fördern.
- Je nach Ausgangsmaterial und Jahreszeit ist der Kompost nach sechs bis zwölf Monaten reif und vollständig vererdet. Gröbere Klumpen können abgesiebt werden.

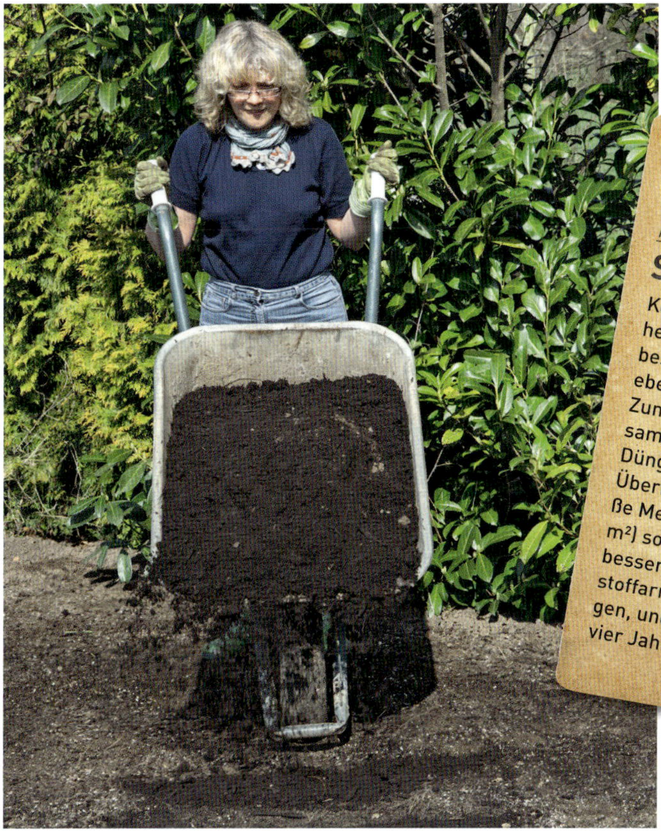

Kompost ausbringen

- Sollen neu umgebrochene Flächen gründlich verbessert werden, kann man den Kompost schon im Herbst ausbringen und oberflächlich einarbeiten. Dafür lässt sich auch noch nicht völlig verrotteter, sogenannter halbreifer Kompost verwenden.
- Ansonsten bringt man den Kompost erst im Frühling aus, damit über Winter nicht unnötig Nährstoffe ausgewaschen werden.

KOSMOS

SOFORTHELFER

Kompost ist zum einen ein hervorragendes Bodenverbesserungsmittel, für Sand- ebenso wie für Tonböden. Zum andern ist er ein wirksamer Naturdünger. Wie alle Dünger kann er jedoch im Übermaß auch schaden. Große Mengen (20 bis 50 Liter je m^2) sollte man nur zum Verbessern schlechter, nährstoffarmer Böden ausbringen, und das höchstens alle vier Jahre.

VOLLHERBST

ZU UNSEREN WICHTIGSTEN WALDBÄUMEN GEHÖRT DIE STATTLICHE STIELEI-
CHE, AUCH BEKANNT ALS DEUTSCHE EICHE. IM PHÄNOLOGISCHEN KALENDER
IST SIE DIE KENNPFLANZE FÜR DIE LETZTEN DREI JAHRESZEITEN. MIT DER
REIFE IHRER LANG GESTIELTEN EICHELN ZEIGT SIE DEN EINTRITT DES VOLL-
HERBSTS AN, DREI BIS VIER WOCHEN SPÄTER MIT IHRER LAUBVERFÄRBUNG
DEN SPÄTHERBSTANFANG, RUND DREI WOCHEN DARAUF MIT DEM BLATTFALL
DEN WINTERBEGINN.

LEUCHTENDE HERBSTFARBEN

Die Eicheln der Stieleiche reifen meist zwischen Mitte September und Anfang Oktober. Während die Eichen-
blätter noch grün bleiben, zeigen andere Bäume wie Rotbuche und Rosskastanie schon ihre Herbstfarben.
Zunehmend flammen jetzt auch die gelben, orangen und roten Blatttöne der Ziergehölze auf. Wunderschöne
Farbenspiele bieten z. B. Japanische und Fächerahorne, Essigbaum, Glanzmispel, Felsenbirnen, Schneeballar-
ten und Wilder Wein.

BEZAUBERNDE GRÄSER

Auch Ziergräser wie Chinaschilf, Rutenhirse und Lampenputzergras können dem Herbst besonderen Glanz ver-
leihen mit eindrucksvoller Blattfärbung und zierenden, lang haltenden Blüten- und Fruchtständen. Oft bleiben
sie bis weit in den Winter hinein attraktiv und werden deshalb erst im Frühjahr zurückgeschnitten. Geradezu
bestechend wirken solche Gräser, wenn sie morgens von Raureif überzogen sind. Der entsteht bei hoher Luft-
feuchtigkeit oder Nebel, wenn die Temperaturen nachts kräftig abfallen.

KÜHLE NÄCHTE

Vor allem in Höhenlagen muss man teils schon mit den ersten Nachtfrösten rechnen. Empfindliche Kübelpflanzen sollten dann bald eingeräumt werden, und bei frisch gesetzten Gehölzen und Stauden kann eine Winterschutzabdeckung im Wurzelbereich nichts schaden.

WORAUF MUSS ICH ACHTEN?

ALLGEMEINES

☑ Den Rasen weiterhin regelmäßig mähen, solange die Gräser noch wachsen

☑ Blumenwiese noch einmal mähen, wenn sie über Sommer üppig zugelegt hat

☑ In Beeten und Pflanzflächen regelmäßig jäten und hacken, bei anhaltender Trockenheit gießen

☑ Mulchschichten auf Beeten und unter Stauden und Gehölzen, wenn nötig, erneuern

☑ Gewächshaus gelegentlich lüften

☑ Kompost auf- und umsetzen

☑ Herbstlaub regelmäßig aus dem Teich fischen oder Laubschutznetze aufspannen

☑ Abgestorbene Pflanzenreste aus dem Teich entfernen

☑ Winterschutzmaterial (Vliese, Jute, Fichtenzweige, Herbstlaub) bereithalten

☑ Nach kühlen, hellen Plätzen für drinnen überwinternde Pflanzen (z. B. Kübelpflanzen, Kräuter, Seerosen) umsehen

BLUMEN & STAUDEN

☑ Die letzten zweijährigen Blumen wie Stiefmütterchen und Vergissmeinnicht auspflanzen

☑ Zwiebel- und Knollenblumen pflanzen, z. B. Schneeglöckchen, Tulpen und Traubenhyazinthen

☑ Stauden pflanzen, v. a. Frühjahrs- und Frühsommerblüher

☑ Bei Herbstblühern weiterhin regelmäßig Verblühtes entfernen

☑ Hohe Herbstblüher wie Herbstastern, Chrysanthemen und Dahlien stützen

☑ Wüchsige Bodendecker wie Günsel, Taubnessel und Immergrün kräftig auslichten

☑ Verwelkte Stauden unten wegschneiden, bei Bedarf teilen; Ausnahmen: Arten mit zierenden Samenständen und etwas frostempfindliche Stauden, z. B. Astilben, Ziergräser

ZIERGEHÖLZE & ROSEN

☑ Gute Pflanzzeit für immergrüne Laub- und Nadelgehölze

☑ Starken Heckenrückschnitt erst durchführen, wenn keine Vögel mehr brüten; im Zweifelsfall auf den Spätwinter oder Vorfrühling verschieben

☑ Vor Frostbeginn Kübelpflanzen einräumen

GEMÜSE, KRÄUTER, ERDBEEREN

☑ Feldsalat, Spinat und Winterportulak unter Glas oder Folie säen für die Winter- und Frühjahrsernte

☑ Letzte Wintersteckzwiebeln, Knoblauch, Bärlauch, Rhabarber und robuste Kräuter wie Pfefferminze pflanzen

☑ Winterlauch, Spät-, Rosen- und Grünkohl anhäufeln

☑ Abgeerntete Beete räumen, den Boden tiefgründig lockern

☑ Vor Frostbeginn letzte Fruchtgemüse, Hülsenfrüchte, Kartoffeln, Knollenfenchel, Radieschen und Zwiebeln ernten; Tomaten und Kürbisse drinnen nachreifen lassen

OBSTBÄUME & BEERENSTRÄUCHER

☑ Mulchschichten unter Obstbäumen, wenn nötig, erneuern und (schon als Winterschutz) etwas dicker auftragen

☑ Fallobst und krankheitsverdächtiges Laub vom Boden entfernen

☑ Abgeerntete Herbsthimbeer- und Brombeerruten zurückschneiden

☑ An Obstbaumstämmen und Stützpfählen Leimringe gegen Frostspanner anlegen

☑ Vor Frostbeginn das letzte Obst ernten; Hasel- und Walnüsse können noch etwas hängenbleiben, sofern sie nicht von selbst abfallen

KOSMOS
SOFORTHELFER

Solange die Bodentemperaturen nicht unter 8 °C fallen, wachsen die Rasengräser weiter. Allzu häufig müssen Sie jetzt nicht mehr mähen. Nutzen Sie aber die Gelegenheit, wenn es noch mild ist. Zum Spätherbst hin machen oft Regen oder Fröste einen Strich durch die Rechnung. Ist der Rasen dann recht hoch, wird das erste Mähen im nächsten Frühjahr mühsam.

BLUMENZWIEBELN PFLANZEN

WORAUF
MUSS ICH BEIM KAUF ACHTEN?

- Gesunde Pflanzzwiebeln und -knollen, ohne feuchte, verfärbte oder gar faule Stellen
- Pralle, feste Zwiebeln, nicht eingetrocknet oder „schrumpelig"
- Kleine Zwiebeln, z.B. Schneeglöckchen, Winterlinge, möglichst schnell pflanzen; ebenso die großen, hüllenlosen Zwiebeln der Kaiserkrone

WIE
TIEF WIRD GEPFLANZT?

- Faustregel: zwei- bis dreimal so tief, wie die Zwiebeln hoch sind
- In schweren Böden eher flach, in sandigen Böden etwas tiefer
- Wichtigste Ausnahmen: Madonnenlilie und Alpenveilchen nur flach einpflanzen
- Stets so pflanzen, dass die Zwiebelspitzen und bei Knollen die Triebknospen nach oben weisen

Kleine Zwiebeln pflanzen

- Kleine Zwiebeln und Knollen lassen sich meist einfach in den Boden drücken, wenn er ausreichend locker ist.
- Erschwert eine dichte Grasnarbe das Pflanzen in Rasen oder Wiese, mit einer Eisenstange oder Grabegabel Pflanzlöcher einstechen.

Pflanzlöcher graben

- Wenn die Zwiebeln etwas größer sind, gräbt man besser ausreichend große Löcher mit der Pflanzschaufel.
- Dichter (lehmiger oder toniger) Boden wird vorher mit Spaten oder Grabegabel gelockert; wenn nötig, Sand oder Kies einarbeiten.
- Bei Pflanzung im Rasen die Grassoden mit dem Spaten aus- bzw. abstechen.

KOSMOS
SOFORTHELFER

In schweren, dichten, sehr feuchten Böden hat man mit Zwiebelblumen wenig Freude. Nicht selten sterben die Zwiebeln bald ab. Hier sollte zuvor die gesamte Pflanzfläche gründlich gelockert und mit reichlich Sand oder feinem Kies verbessert werden. Vorsichtshalber kann man auch eine Dränageschicht aus grobem Sand oder Kies in die Pflanzlöcher geben.

Praktischer Zwiebelpflanzer

- Mit einem Zwiebelpflanzer können Sie leicht Pflanzlöcher in gewünschter Tiefe ausstechen.
- Die Erde bleibt im Metallzylinder stecken und wird nach dem Einsetzen der Zwiebel zurück ins Loch gegeben.
- Es gibt auch Zwiebelpflanzer mit längerem Stiel zum Arbeiten im Stehen.

Pflanzung in Körben

- Pflanzkörbe aus kräftigem Kunststoff oder Metall schützen die Zwiebeln vor Wühlmäusen und vereinfachen das Setzen in Gruppen.
- Heben Sie eine Grube aus, die etwas größer als der Korb ist, um unten und nach dem Einsetzen an den Seiten Sand oder gelockerte Erde einzufüllen. So lässt sich der Korb optimal ausrichten und mit etwas Hin- und Herdrehen im Boden verankern.

BODENBEARBEITUNG

WO
IST UMGRABEN RATSAM?

- Bei der Neuanlage von Beeten und Pflanzflächen
- Bei schweren, dichten Tonböden jährlich; nach Bodenverbesserung wenigstens alle paar Jahre
- Bei stark verunkrauteten Flächen die Wurzeln dabei gründlich entfernen
- Bei stark schneckengeplagten Beeten; hier am besten kurz vor Frostbeginn

WANN
WIRD UMGEGRABEN?

- Vorzugsweise im Herbst
- Im Frühling mindestens zwei, besser vier Wochen vor dem Säen und Pflanzen
- Nicht bei nassem Boden

Umgraben

- Zuvor größere Pflanzenreste entfernen.
- Am Beetrand den ersten Graben ausheben. Treten Sie fest auf die Spatenkante, um möglichst tief einzustechen.
- Die Erdschollen des ersten Grabens können Sie neben dem Beet ablegen oder einfach über die noch unbearbeitete Fläche verteilen.

Erdschollen wenden

- Den zweiten Graben ausheben und die Schollen im ersten Graben ablegen. Wenden Sie dabei die Schollen, sodass die Unterseite nach oben kommt.
- Auf dieselbe Weise die nachfolgenden Reihen bzw. Gräben bearbeiten.
- Über Winter kann dann der Frost die Schollen zerkleinern.

KOSMOS

SOFORTHELFER

Das Umgraben hat den Nachteil, dass es jedes Mal die nützlichen Bodenorganismen stark beeinträchtigt. Außerdem beschleunigt es den Humusabbau. Anfangs ist Umgraben meist unverzichtbar, besonders bei schweren Böden. Nach einigen Jahren guter Bodenpflege (samt Kompostversorgung) reicht aber immer öfter das schonende Lockern mit der Grabegabel.

Schonend lockern

- Bei der nicht wendenden Bearbeitung wird der Boden mit der Grabegabel gelockert. Diese so tief wie möglich einstechen und kräftig nach vorn und hinten rütteln.
- Am Beetrand beginnen und reihenweise vorgehen. Die nächste Arbeitsreihe sollte jeweils direkt an die vorherige anschließen (in etwa 10 cm Abstand einstechen).

Nachbearbeitung

- Ergänzend zum Lockern mit der Grabegabel hat sich das Nacharbeiten mit einem Sauzahn bewährt. Dessen großer Zinken wird diagonal zur Beetkante in parallelen Arbeitsreihen durch den Boden gezogen.
- Für eine Nachbearbeitung eignen sich auch Kultivator, Hacke, Krail oder Gartenkralle.
- Zum Schluss können Sie die bearbeitete Fläche mit einer Mulchschicht aus Herbstlaub abdecken.

SPÄTHERBST & WINTER

MIT DER GELBFÄRBUNG IHRER BLÄTTER LEITET DIE STIELEICHE DEN SPÄT-
HERBST EIN, IM DURCHSCHNITT GEGEN MITTE OKTOBER. VIELE ANDERE GEHÖL-
ZE WERFEN NUN SCHON IHR LAUB AB. WENN SCHLIESSLICH AUCH DIE BLÄTTER
DER STIELEICHE UND DER LETZTEN APFELBÄUME FALLEN, BEGINNT NACH DEM
PHÄNOLOGISCHEN KALENDER ENDGÜLTIG DER WINTER.

SPÄTE AKTIVITÄTEN

Um den phänologischen Spätherbstbeginn treten häufig auch die ersten leichten Nachtfröste auf. Strenge Dau-
erfröste sind allerdings noch selten. So gibt es noch genug Gelegenheit, Rosen und andere Gehölze zu pflanzen
und die letzten Blumenzwiebeln zu stecken. Gehen die Temperaturen gegen den Nullpunkt, wird es allerdings
höchste Zeit, die letzten Äpfel und Birnen sowie nicht ausgesprochen winterharte Gemüse zu ernten.

WINTERVORKEHRUNGEN

Drohen die ersten Fröste, sollten gleich die empfindlichsten Kübelpflanzen in ein geeignetes Winterquartier
gebracht werden, bald darauf auch nicht winterharte Seerosen; ebenso die Knollen von Begonien, Blumenrohr
und Tuberosen. Dann können die etwas robusteren Dahlien und Gladiolen folgen. Bei der Winterschutzabdeckung kommen zunächst frisch gesetzte und empfindliche Jungpflanzen an die Reihe, danach ältere Pflanzen,
die etwas frostgefährdet sind, so auch die Rosen.

NATÜRLICHE SCHUTZDECKEN

Mit ihrem Falllaub liefern Bäume und Sträucher gutes Winterschutzmaterial frei Haus. Sofern die Blätter keine
Krankheitsanzeichen zeigen, kann man sie prima für isolierende Abdeckungen verwenden. Ansonsten lässt man
sie einfach unter den Gehölzen liegen als natürlichen Winterschutz, der beim Verrotten zu Humus wird. Nur vom
Rasen sollte das Laub entfernt werden, ebenso von Wegen und Treppen, sonst droht bei Nässe Rutschgefahr.

WORAUF MUSS ICH ACHTEN?

ALLGEMEINES

☑ Den Rasen zum letzten Mal mähen, bevor regelmäßige Fröste oder Dauerregen drohen

☑ Herbstlaub vom Rasen abrechen

☑ Vor den ersten stärkeren Frösten Wasser draußen abstellen, Hähne aufgedreht lassen

☑ Im Teich einige Stängel für den Luftaustausch beim Zufrieren stehen lassen; am besten Eisfreihalter (Fachhandel) einbringen

☑ Empfindliche Seerosen und tropische Wasserpflanzen sowie gefährdete Fische aus dem Teich nehmen und drinnen überwintern

☑ Gartengeräte säubern und einwintern, Schläuche und Kannen entleeren

☑ Den Vögeln regelmäßig artgerechtes Futter und frisches Trinkwasser anbieten

☑ Neue Vogelnistkästen anbringen, alte Kästen gründlich reinigen (werden teils zum Überwintern genutzt)

☑ Im Haus überwinternde Pflanzen und Knollen regelmäßig kontrollieren

BLUMEN & STAUDEN

☑ Bei mildem Wetter und nicht zu nassem Boden die letzten Blumenzwiebeln und -knollen pflanzen

☑ Bei Frostbeginn Knollen und Zwiebeln von Dahlien, Gladiolen und anderen nicht winterharten Blumen ausgraben; drinnen kühl und luftig überwintern

☑ Verwelkte Stauden unten wegschneiden, bei Bedarf teilen; Ausnahmen: Arten mit zierenden Samenständen und etwas frostempfindliche Stauden, z. B. Astilben, Ziergräser

☑ Frisch gepflanzte und empfindliche Zweijährige und Stauden mit etwas Winterschutz (Fichtenreisig, Laub) versehen

ZIERGEHÖLZE & ROSEN

☑ Ab Spätherbstbeginn Hauptpflanzzeit für wurzelnackte und Ballengehölze, auch für Rosen

☑ Beet- und Edelrosen anhäufeln und mit Fichtenreisig oder Laub abdecken

☑ Frisch gepflanzte und empfindliche Gehölze mit Winterschutz (Fichtenreisig, Laub) versehen, v. a. im Wurzelbereich und an der Sprossbasis

☑ Immergrüne Laub- und Nadelgehölze bei trockenem, frostfreiem Wetter kräftig gießen

GEMÜSE, KRÄUTER, ERDBEEREN

- ☑ Vor den ersten stärkeren Frösten Möhren, Rote Bete, Kopf- und Eissalat, Endivie, Chinakohl ernten

- ☑ Wintergemüse wie Rosenkohl nicht ernten, wenn es gefroren ist, erst auftauen lassen

- ☑ Mediterrane Kräuter mit Winterschutz abdecken, nicht frostharten Rosmarin am besten drinnen überwintern

- ☑ Wintergemüse bei starken Frösten mit Vlies abdecken, Wurzelbereich mit Laub schützen

- ☑ Im Garten ein paar Schnittlauchbüschel ausgraben, eintopfen und drinnen antreiben

- ☑ Keimsprossen am Fensterbrett anziehen

- ☑ Bei frostfreiem Wetter kann jederzeit die tiefe Bodenlockerung nachgeholt werden

- ☑ Wenn nötig, Kalk, Kalium- und Magnesiumdünger einarbeiten; Kompost und Hornspäne jedoch erst im Frühling

OBSTBÄUME & BEERENSTRÄUCHER

- ☑ Die letzten Hasel- und Walnüsse ernten

- ☑ Winteräpfel und -birnen an einem kühlen, möglichst luftfeuchten Platz lagern

- ☑ Ab Spätherbstbeginn Hauptpflanzzeit für wurzelnackte und Ballengehölze

- ☑ Frisch gepflanzte und empfindliche Gehölze mit Winterschutz (Fichtenreisig, Laub, Mulch) abdecken, v. a. im Wurzelbereich und an der Sprossbasis

- ☑ Obstbaumstämme mit einem Weißanstrich versehen, der sie vor Rindenschäden schützt

- ☑ Leimringe gegen Frostspanner überprüfen und, falls nötig, erneuern.

KOSMOS

SOFORTHELFER

Wenn es um rechtzeitige Vorsichtsmaßnahmen gegen Fröste geht, kann man sich einigermaßen auf die Wettervorhersage verlassen. Ein gutes Gartenthermometer ist allerdings sehr hilfreich. Fallen die Abendtemperaturen unter 7 °C und ist der Himmel fast wolkenlos, muss man häufig mit Nachtfrösten rechnen. Gefährlich können auch kalte Ostwinde werden.

ROSEN PFLANZEN

WANN
KANN ICH ROSEN PFLANZEN?

- Wurzelnackte Rosen: Oktober bis April
- Beutelverpackte Rosen: Oktober bis Mai
- Wurzelballierte Rosen: Oktober bis Juni
- Containerrosen: ganzjährig
- Alle nur bei frostfreiem Wetter und nicht bei großer Hitze

WO
GEDEIHEN ROSEN GUT?

- An einem sonnigen Platz; jedoch nicht direkt vor einer prall besonnten Hauswand
- An etwas luftigen Stellen, wo die Blätter nach Regen schnell abtrocknen
- In einem tiefgründigen, humosen, nährstoffreichen, frischen, nicht zu kalkhaltigen Boden

Wurzelnackte Rosen vorbereiten

- Schneiden Sie bei wurzelnackten und beutelverpackten Rosen die Triebe auf etwa 20 cm zurück.
- Kürzen Sie die Wurzelspitzen leicht ein (rund 1 cm), nur überlange Wurzeln stärker.
- Legen Sie die Rosen vor dem Pflanzen in ein Wasserbad für rund vier Stunden; bei Frühjahrspflanzung 12 bis 24 Stunden.

Ballen- und Containerrosen vorbereiten

- Töpfe und Umhüllungen entfernen, sofern nicht, wie bei manchen Ballenrosen, verrottbar. Die Erdballen gut anfeuchten, am besten in einen Wassereimer tauchen.
- Ballenrosen sind meist schon zurückgeschnitten, wenn nicht, auf 20 cm einkürzen. Bei Containerrosen ist kein Rückschnitt nötig.

KOSMOS
SOFORTHELFER

Häufeln Sie die frisch gesetzten Rosen auch bei einer Frühjahrspflanzung an, denn der Erdhügel schützt nicht nur vor Kälte, sondern auch vorm Austrocknen, was bei wurzelnackten Pflanzen besonders wichtig ist. Bei Frühjahrspflanzung wird nach sechs bis acht Wochen abgehäufelt, nachdem sich rund 10 cm lange, belaubte Neutriebe entwickelt haben.

Rosen einpflanzen

- Pflanzloch ausheben: mindestens 10 cm breiter und tiefer als die Wurzeln oder Ballen; für Containerpflanzen so tief und breit wie der Ballen.
- Die Rosen so tief einsetzen, dass die leicht verdickte Veredlungsstelle rund 5 cm unter die Bodenoberfläche kommt.
- Erde auffüllen und antreten.

Angießen und Anhäufeln

- Schlämmen Sie die Pflanzstelle kräftig mit Wasser ein und lassen Sie dieses gut einsickern.
- Häufeln Sie dann die Rosen mit Erde an, bis nur noch 2–3 cm lange Triebspitzen herausschauen.
- Der Erdhügel wird im dann im Erstfrühling abgehäufelt.

DAHLIEN ÜBERWINTERN

WELCHE ZWIEBELN UND KNOLLEN

DRINNEN ÜBERWINTERN?

- Dahlien
- Gladiolen
- Knollenbegonien
- Indisches Blumenrohr
- Schokoladenblume
- Hakenlilie
- Nerine
- Tuberose
- Tigerblume

WELCHE

SIND MÄSSIG WINTERHART?

- Montbretie
- Sommerhyazinthe (Galtonie)
- Ranunkel

Stängel zurückschneiden

- Wenn es nicht allzu kalt ist, können Sie bei den Dahlien ruhig abwarten, bis die Blätter beginnen zu welken. Die ersten leichten Fröste schaden den Knollen noch nicht.
- Schneiden Sie dann die Stängel auf 5–10 cm über dem Wurzelhals zurück.

Knollen herausnehmen

- Lassen Sie die Knollen am besten noch ein paar Tage im Boden ausreifen.
- Lockern Sie dann den umgebenden Boden vorsichtig mit der Grabegabel, und heben Sie die Knollen heraus.

KOSMOS
SOFORTHELFER

Die links als mäßig winter-hart genannten Pflanzen können – anders als Dahlien – die kalte Jahreszeit drau-ßen überstehen, wenn Wur-zelbereich und Stängelbasis gut mit Laub abgedeckt wer-den. Wo allerdings die Win-ter oft streng oder auch sehr regenreich sind, nimmt man ihre Zwiebeln und Knollen im Herbst besser ebenfalls aus dem Boden.

Säubern und auslesen

- Klopfen Sie größere Erdreste behutsam ab, und lassen Sie die Knollen an einem geschützten Platz, z. B. auf der Terrasse, abtrocknen.
- Lesen Sie rigoros alle Knollen mit Be-schädigungen oder gar Krankheitsanzei-chen aus. Diese könnten im Lager auch gesunde Knollen infizieren.

Knollen einlagern

- Die Knollen werden in flachen Kisten in Sand oder in ein Sand-Torf-Gemisch eingeschlagen.
- Schließlich kommen sie in ein möglichst dunkles, kühles Winterquartier, idealerweise bei 4–8 °C.
- Versehen Sie die Knollen mit Schildchen, auf denen Sie die Sortennamen oder zumindest die Blütenfarben notieren. So gibt es beim Auspflanzen im nächsten Frühjahr kein Vertun.

WINTERSCHUTZ FÜR STAUDEN

WELCHE STAUDEN
SCHNEIDE ICH ERST IM FRÜHLING ZURÜCK?

- Waldgeißbart *(Aruncus)*
- Kissenaster *(Aster dumosus)*
- Astilbe *(Astilbe)*
- Mädchenauge *(Coreopsis)*
- Purpursonnenhut *(Echinacea)*
- Alpenmannstreu *(Eryngium)*
- Fackellilie *(Knifophia)*
- Greiskraut *(Senecio)*
- Fetthenne *(Sedum)*
- Ziergräser
- Halbsträucher wie Lavendel, Salbei, Thymian (nur um ein Drittel einkürzen)

WAS
EIGNET SICH ZUM ABDECKEN?

- Fichten- und Tannenreisig
- Laub (in dünner Schicht)
- Rindenmulch (nur für gut eingewachsene Pflanzen)

Rückschnitt im Herbst

- Bei den meisten Stauden schneidet man im Herbst die welken Stängel etwa eine handbreit über dem Boden weg.
- So kann sich der Neuaustrieb im nächsten Frühjahr ungehindert entfalten.
- Dieser kräftige Rückschnitt beugt teils auch Pilzkrankheiten vor.

Rückschnitt erst im Frühjahr

- Erst im Frühjahr schneidet man Stauden zurück, die selbst mit welken Blättern über Winter noch ansehnlich wirken, vor allem durch zierende Samenstände.
- Bei etwas frostempfindlichen Arten schützen außerdem die alten Stängel und Blätter über Winter den Wurzelbereich.

KOSMOS
SOFORTHELFER

Winter- und immergrüne Stauden, z. B. Bergenien und Elfenblumen, brauchen keinen Schnitt. Die meisten Wintergrünen, vor allem Bodendecker wie Günsel sowie Farne, sind recht robust. Manche sollten jedoch bei anhaltenden Frösten abgedeckt werden, vor allem Heiligenkraut, Stachelnüsschen und Wolfsmilcharten.

Schützende Abdeckung

- Die meisten Stauden kommen ohne Abdeckung oder lediglich mit etwas Mulch am Boden heil über den Winter.
- Ein Abdecken von Wurzelbereich und Sprossbasis empfiehlt sich vor allem für frisch gesetzte Pflanzen sowie etwas empfindlichere Arten.

Gräser zusammenbinden

- Große Gräser wie Chinaschilf und Pampasgras kann man locker zusammenbinden. Das schützt die Triebknospen an der Basis nicht nur vor Frösten, sondern auch vor übermäßiger Nässe.
- Das Zusammenbinden hat sich auch bei Fackellilien bewährt.

WINTERSCHUTZ FÜR GEHÖLZE

WELCHE
ZIERGEHÖLZE SIND FROST-EMPFINDLICH?

- Bartblume *(Perovskia)*
- Bauernhortensie *(Hydrangea macrophylla)*
- Freilandkamelien *(Camellia)*
- Magnolien *(Magnolia)*
- Rosen, v. a. Edel- und Stammrosen
- Manche Rhododendren, z. B. Japanische Azaleen *(Rhododendron)*
- Sommerflieder *(Buddleja)*
- Roseneibisch *(Hibiscus)*
- Säckelblume *(Ceanothus)*
- Zaubernuss *(Hamamelis)*
- „Exoten" wie Feige und Palmen

WELCHE
OBSTGEHÖLZE SIND FROST-EMPFINDLICH?

- Aprikose
- Birne
- Pfirsich
- Großfrüchtige Kiwi
- Weinrebe

Wurzelbereich schützen

- Winterschutz brauchen in erster Linie frisch gepflanzte Gehölze. Außerdem, vor allem in den ersten Jahren, etwas empfindlichere Arten (siehe links).
- In diesen Fällen Wurzelbereich und Stammbasis 5–10 cm hoch abdecken, mit Laub, Kompost, anderen Mulchmaterialien (Seite 81) oder Nadelholzreisig.

Schutz für Rosen

- In kälteren Regionen Edel-, Beet- und Zwergrosen etwa 20 cm hoch mit Erde anhäufeln und darüber eine Fichtenreisig- oder Strohabdeckung ausbringen.
- Stammrosen: Krone mit großem Jute- oder Leinensack umhüllen, diesen locker mit Holzwolle oder Stroh ausfüllen und unten zusammenbinden.

Äste und Triebe schützen

- Schilf- und Bastmatten eignen sich gut, um Spalierobst sowie Rhododendren und Hortensien vor Kälte, eisigen Winden und greller Wintersonne zu schützen.
- Äste und Triebe können auch mit Gartenvlies, Jutestoff oder Leintüchern abgedeckt oder umhüllt werden (nicht mit luftundurchlässiger Folie!).

Weißanstrich an Obstbäumen

- Wechseln sich sonnige Wintertage und frostige Nächte ab, kann die Rinde stellenweise aufreißen oder -platzen. So entstehen Eintrittspforten für Schaderreger.
- Ein Weißanstrichmittel beugt dem vor. Es wird am Stamm aufgetragen, vor allem an der Sonnenseite und bis in den Kronenansatz; wenn nötig, den Anstrich im Spätwinter erneuern.

SERVICE

BODENUNTERSUCHUNGEN
Auskunft gibt es bei:

VDLUFA
c/o LUFA Speyer
Obere Langgasse 40
67346 Speyer
www.VDLUFA.de

GARTENAKADEMIEN

BADEN-WÜRTTEMBERG
Gartenakademie Baden-
Württemberg e. V.
Diebsweg 2
69123 Heidelberg
www.gartenakademie.info

BAYERN
Gartenakademie Bayern
An der Steige 15
97209 Veitshöchheim
www.lwg.bayern.de/
gartenakademie/

HESSEN
Hessische Gartenakademie
Brentanostraße 9
65366 Geisenheim
www.llh-hessen.de/
hessische-gartenakademie

NIEDERSACHSEN
Niedersächsische Garten-
akademie
Hohen Kamp 51
26160 Bad Zwischenahn
www.lwk-niedersachsen.de

RHEINLAND-PFALZ
Gartenakademie Rheinland-
Pfalz
Breitenweg 71
67435 Neustadt/W
www.gartenakademie.rlp.de

SAARLAND
Saarländische Gartenakademie
Dillinger Straße 67
66822 Lebach
www.lwk-saarland.de

SACHSEN
Gartenakademie Sachsen
Söbrigener Straße 3a
01326 Dresden-Pillnitz
www.landwirtschaft.sachsen.de

THÜRINGEN
Gartenakademie Thüringen
Hinter der Mühle 19
99095 Erfurt-Stotternheim
www.gartenakademie-
thueringen.de

**AMTLICHE PFLANZEN-
SCHUTZBERATUNG**

BADEN-WÜRTTEMBERG
Landesamt für Pflanzenschutz
Reinsburgstr. 107
70197 Stuttgart
www.landwirtschaft-mlr.baden-
wuerttemberg.de

BAYERN
Bayerische Landesanstalt für
Landwirtschaft
Institut für Pflanzenschutz
Lange Point 10
85354 Freising
www.lfl.bayern.de/ips

BERLIN
Pflanzenschutzamt Berlin
Mohriner Allee 137
12347 Berlin
www.stadtentwicklung.berlin.
de/pflanzenschutz

BRANDENBURG
Landesamt für Ländliche Ent-
wicklung, Landwirtschaft und
Flurneuordnung
Pflanzenschutzdienst
Müllroser Chaussee 54
15236 Frankfurt (Oder)
www.mil.brandenburg.de

BREMEN
Lebensmittelüberwachungs-,
Tierschutz und Veterinärdienst
des Landes Bremen
Pflanzenschutzdienst
Lötzener Straße 3
28207 Bremen
www.lmtvet.bremen.de

HAMBURG
Pflanzenschutzdienst Hamburg
Brennerhof 123
22113 Hamburg
www.pflanzenschutz.hamburg.de

HESSEN
Regierungspräsidium Gießen
Dezernat 51.4 – Pflanzen-
schutzdienst
Schanzenfeldstraße 8
35578 Wetzlar
www.pflanzenschutzdienst.rp-
giessen.de

MECKLENBURG-VORPOMMERN
Landesamt für Landwirtschaft,
Lebensmittelsicherheit und
Fischerei Mecklenburg-
Vorpommern
Pflanzenschutzdienst
Graf-Lippe-Straße 1
18059 Rostock
www.lallf.de

NIEDERSACHSEN
Landwirtschaftskammer Niedersachsen Pflanzenschutzamt,
Standort Hannover
Wunstorfer Landstraße 9
30453 Hannover
www.lwk-niedersachsen.de

wie oben, Standort Oldenburg
Sedanstraße 4
26121 Oldenburg
www.lwk-niedersachsen.de

NORDRHEIN-WESTFALEN
Landwirtschaftskammer
Nordrhein-Westfalen
Pflanzenschutzdienst
Siebengebirgsstraße 200
53229 Bonn-Roleber
www.pflanzenschutzdienst.de

wie vor, Dienststelle Münster:
Nevinghoff 40
48147 Münster

RHEINLAND-PFALZ
Dienstleistungszentrum
Ländlicher Raum Rheinpfalz
Breitenweg 71
67435 Neustadt/W.

SAARLAND
Landwirtschaftskammer für
das Saarland
Pflanzenschutzdienst
Dillinger Straße 67
66822 Lebach
www.lwk-saarland.de

SACHSEN
Sächsisches Landesamt für
Umwelt, Landwirtschaft und
Geologie
Abteilung Pflanzliche
Erzeugung, Referat
Pflanzenschutz
Stübelallee 2
01307 Dresden
www.smul.sachsen.de

SACHSEN-ANHALT
Landespflanzenschutzamt
Lerchenwuhne 125
39128 Magdeburg
www.llg-lsa.de

SCHLESWIG-HOLSTEIN
Pflanzenschutzamt/
Landwirtschaftskammer
Am Kamp 15–17

24768 Rendsburg
www.lksh.de/
pflanzenschutzdienst

THÜRINGEN
Ministerium für Landwirt-
schaft, Naturschutz und Umwelt, Abt.Landwirtschaft
Beethovenstr. 3
99096 Erfurt
www.thueringen.de/th8/tmlfun

GARTENBEDARF

Keimzeit Saatgut-Fachversand
Hainholzweg 3
21358 Mechtersen
www.keimzeit-saatgut.de

Bakker (Pflanzenversand)
Kremerbergweg 1
22926 Ahrensburg
www.bakker-holland.de

Woodsteel GmbH
Ohlstedter Str. 17
22949 Ammersbek
www.woodsteel.de

W. Neudorff GmbH KG
An der Mühle 3
31860 Emmerthal
www.neudorff.de

Gärtner Pötschke
Beuthener Str. 4
41561 Kaarst
www.poetschke.de

Baldur-Garten
Elbinger Str. 12
64625 Bensheim
www.baldur-garten.de

Dehner GmbH & Co. KG
Donauwörther Str. 3–5
86641 Rain
www.dehner.de

Gartenbedarf-Versand
Richard Ward
Günztalstr. 22
87733 Markt Rettenbach
www.gartenbedarf-versand.de

NÜTZLINGE

AMW Nützlinge GmbH
Außerhalb 54
64319 Pfungstadt
www.amw-nuetzlinge.de

e-nema
Gesellschaft für Biotechnologie
und biologischen Pflanzenschutz mbH
Klausdorfer Straße 28-36
24223 Schwentinental
www.e-nema.de

Katz Biotech AG
An der Birkenpfuhlheide 10
15837 Baruth
www.katzbiotech.de

W. Neudorff GmbH KG
An der Mühle 3
31860 Emmerthal
www.neudorff.de

re-natur GmbH
Charles-Ross-Weg 24
24601 Ruhwinkel
www.re-natur.de

Sautter & Stepper GmbH
Rosenstraße 19
72119 Ammerbuch
www.nuetzlinge.de

SAATGUT

Jelitto Staudensamen
Am Toggraben 3
29690 Schwarmstedt
ww.jelitto.com

Bruno Nebelung
Marienberger Str. 10
56470 Bad Marienberg
shop.nebelung.de

Bingenheimer Saatgut AG –
Ökologische Saaten
Kronstr. 24
61209 Echzell-Bingenheim
www.bingenheimersaatgut.de

ROSEN

Rosarot Pflanzenversand
Besenbek 4 B
25335 Raa-Besenbek
www.rosenversand24.de

W. Kordes' Söhne Rosenschulen
Rosenstraße 54
25365 Klein Offenseth
www.gartenrosen.de

Rosen Tantau
Tornescher Weg 13
25436 Uetersen
www.rosen-tantau.com

Noack Rosen
Im Fenne 54
33334 Gütersloh
www.noack-rosen.de

Rosenhof Schultheis
Bad Nauheimer Str. 3–7
61231 Bad Nauheim-Steinfurth
www.rosenhof-schultheis.de

Rosen-Union
Steinfurther Hauptstr. 27
61231 Bad Nauheim-Steinfurth
www.rosen-union.de

Lacon
J.-S.-Piazolo Straße 4 a
68766 Hockenheim
www.lacon-rosen.de

David Austin Roses
Bowling Green Lane
Albrighton
GB-Wolverhampton WV7 3 HB
www.davidaustinroses.com

STAUDEN

Foerster-Stauden
Am Raubfang 6
14469 Potsdam-Bornim
www.foerster-stauden.de

Klingel & Luckhardt
Fliederweg 10
21789 Wingst
www.stauden-klingel-luck-
hardt.de

Staudengärtnerei Wichmann
Wallweg 1
26215 Wiefelstede
www.stauden-wichmann.de

Schachtschneider Stauden
Kirchhatter Straße 14
27801 Neerstedt/Oldb.
www.schachtschneider-stau-
den.de

Pöppel-Stauden
Hauptstr. 95
28816 Stuhr-Seckenhausen
www.poeppel-stauden.de

Staudenkulturen Eskuche
Am Söhnholz
29664 Osternholz
www.stauden-eskuche.de

Staudengärtnerei Zinser
Burgwedeler Str. 18
30919 Isernhagen
www.stauden-zinser.de

Stauden Junge
Seeangerweg 1
31787 Hameln
www.stauden-junge.de

Arends Maubach
Monschaustraße 76
42369 Wuppertal
www.arends-maubach.de

Staudenkulturen Stade
Beckenstrang 24
46325 Borken-Marbeck
www.stauden-stade.de

Staudengärtnerei Kirschenlohr
Im Lammsbauch 29
67346 Speyer
www.stauden-kirschenlohr

Die Staudengärtnerei
Beerfeldener Str. 28
69483 Affolterbach
www.die-staudengaertnerei.de

Syringa Duftpflanzen & Kräuter
Bachstr. 7
78247 Hilzingen-Binningen
www.syringa-samen.de

Staudengärtnerei Gräfin von
Zeppelin
Weinstraße 2
79295 Sulzburg-Laufen
www.graefin-von-zeppelin.de

Staudengärtnerei Frank
Oberbiberger Str. 5
82064 Straßlach-Dingharting
www.stauden-frank.de

Staudengärtnerei Gaißmayer
Jungviehweide 3
89257 Illertissen
www.gaissmayer.de

Sarastro-Stauden
A-4974 Ort im Innkreis 131
www.sarastro-stauden.com

Frikarti Stauden AG
Kirchhaldenstr. 3
CH-6264 Pfaffnau
www.frikarti.ch

ZWIEBELBLUMEN

Albert Treppens & Co Samen
Berliner Str. 84–88
14169 Berlin-Zehlendorf
www.treppens.de

Küpper Blumenzwiebeln
& Saaten
Postfach 1468
37254 Eschwege
www.kuepper-bulbs.de

Zwiebelgarten Reinhold Krämer
Waldstetter Gasse 4
73525 Schwäbisch Gmünd
www.zwiebelgarten.de

Blumenzwiebelversand
Bernd Schober
Stätzlinger Str. 94 A
86165 Augsburg
www.der-
blumenzwiebelversand.de

REGISTER

BILDNACHWEIS

IMPRESSUM

Umschlaggestaltung von
Gramisci Editorialdesign, München
unter Verwendung von zwei Fotos von
Kristijan Matic (vorne) und Shutterstock
(hinten)

mit 180 Abbildungen

Unser gesamtes lieferbares Programm
und viele weitere Informationen zu unseren
Büchern, Spielen, Experimentierkästen,
DVDs, Autoren und Aktivitäten finden Sie
unter kosmos.de
Gedruckt auf chlorfrei gebleichtem Papier

© 2014, Franckh-Kosmos Verlags-GmbH &
Co. KG, Stuttgart.
Alle Rechte vorbehalten
ISBN 978-3-440-14243-1
Projektleitung:
Kullmann & Partner GbR, Stuttgart
Lekorat, Bildredaktion: Dr. Folko Kullmann
Konzeptionelle Entwicklung:
Kullmann & Partner GbR, Marc Strittmatter
Gestaltungskonzept:
Gramisci Editorialdesign, München
Gestaltung und Satz: Kristijan Matic/
Kullmann & Partner GbR, Stuttgart
Produktion: Jürgen Bischoff
Printed in Slovenia / Imprimé en Slovenie

FSC
www.fsc.org
MIX
Papier aus verantwor-
tungsvollen Quellen
FSC® C084279

DER AUTOR

Joachim Mayer ist Diplom-Agraringenieur
(Fachrichtung Gartenbau) und arbeitet seit
vielen Jahren als Gartenbuchautor, Gar-
tenjournalist und Lektor. Er berät darüber-
hinaus Hobbygärtner bei allen Fragen zur
Gartenanlage und -Praxis.

Sofort-helfer

Sucherfolg statt Suchmaschine

Peter Himmelhuber
Pflanzenschnitt
128 Seiten, 220 Abbildungen, €/D 14,99

Alles was man wissen muss, wird auf einer oder zwei Doppelseiten in Schritt-für-Schritt-Fotos mit Aha-Effekt gezeigt. So gibt es kein langes Suchen und Blättern und der Erfolg, wenn es ums Schneiden von Obstbäumen, Ziersträuchern, Rosen und Hecken geht, ist garantiert.

Andreas Vietmeier • Marianne Klug
Pflanzenschutz
128 Seiten, 220 Abbildungen, €/D 14,99

Damit die Freude an Garten- und Zimmerpflanzen lange hält, haben wir die wichtigsten Fragen und Antworten zusammengestellt: Ohne langes Suchen und Blättern, mit vielen Diagnose-Fotos und schneller Hilfe bei Problemen mit Schädlingen und Krankheiten.

kosmos.de/garten